JUVENTUDE E POLÍTICA
UMA PROPOSTA DE ANÁLISE GERACIONAL

Editora Appris Ltda.
1.ª Edição - Copyright© 2024 do autor
Direitos de Edição Reservados à Editora Appris Ltda.

Nenhuma parte desta obra poderá ser utilizada indevidamente, sem estar de acordo com a Lei n°
9.610/98. Se incorreções forem encontradas, serão de exclusiva responsabilidade de seus organizadores. Foi realizado o Depósito Legal na Fundação Biblioteca Nacional, de acordo com as Leis n°s
10.994, de 14/12/2004, e 12.192, de 14/01/2010.

Catalogação na Fonte
Elaborado por: Dayanne Leal Souza
Bibliotecária CRB 9/2162

S498j
2024
	Severo, Ricardo Gonçalves
	    Juventude e política: uma proposta de análise geracional / Ricardo Gonçalves Severo. – 1. ed. – Curitiba: Appris, 2024.
	    187 p. : il. ; 23 cm. – (Coleção Ciências Sociais).
	
	    Inclui referências.
	    ISBN 978-65-250-6369-0
	
	    1. Juventude. 2. Sociologia (Ensino médio). 3. Sociologia e educação. I. Severo, Ricardo Gonçalves. II. Título. III. Série.
	
	                                                                    CDD – 372.011

Livro de acordo com a normalização técnica da ABNT

Appris
editora

Editora e Livraria Appris Ltda.
Av. Manoel Ribas, 2265 – Mercês
Curitiba/PR – CEP: 80810-002
Tel. (41) 3156 - 4731
www.editoraappris.com.br

Printed in Brazil
Impresso no Brasil

Ricardo Gonçalves Severo

JUVENTUDE E POLÍTICA
UMA PROPOSTA DE ANÁLISE GERACIONAL

Appris
editora

Curitiba, PR
2024

FICHA TÉCNICA

EDITORIAL	Augusto Coelho
	Sara C. de Andrade Coelho
COMITÊ EDITORIAL	Ana El Achkar (Universo/RJ)
	Andréa Barbosa Gouveia (UFPR)
	Antonio Evangelista de Souza Netto (PUC-SP)
	Belinda Cunha (UFPB)
	Délton Winter de Carvalho (FMP)
	Edson da Silva (UFVJM)
	Eliete Correia dos Santos (UEPB)
	Erineu Foerste (UFES)
	Erineu Foerste (Ufes)
	Fabiano Santos (UERJ-IESP)
	Francinete Fernandes de Sousa (UEPB)
	Francisco Carlos Duarte (PUCPR)
	Francisco de Assis (Fiam-Faam-SP-Brasil)
	Gláucia Figueiredo (UNIPAMPA/ UDELAR)
	Jacques de Lima Ferreira (UNOESC)
	Jean Carlos Gonçalves (UFPR)
	José Wálter Nunes (UnB)
	Junia de Vilhena (PUC-RIO)
	Lucas Mesquita (UNILA)
	Márcia Gonçalves (Unitau)
	Maria Aparecida Barbosa (USP)
	Maria Margarida de Andrade (Umack)
	Marilda A. Behrens (PUCPR)
	Marília Andrade Torales Campos (UFPR)
	Marli Caetano
	Patrícia L. Torres (PUCPR)
	Paula Costa Mosca Macedo (UNIFESP)
	Ramon Blanco (UNILA)
	Roberta Ecleide Kelly (NEPE)
	Roque Ismael da Costa Güllich (UFFS)
	Sergio Gomes (UFRJ)
	Tiago Gagliano Pinto Alberto (PUCPR)
	Toni Reis (UP)
	Valdomiro de Oliveira (UFPR)
SUPERVISOR DA PRODUÇÃO	Renata Cristina Lopes Miccelli
PRODUÇÃO EDITORIAL	Sabrina Costa
REVISÃO	Simone Ceré
DIAGRAMAÇÃO	Amélia Lopes
CAPA	Lívia Costa
REVISÃO DE PROVA	Bruna Santos

COMITÊ CIENTÍFICO DA COLEÇÃO CIÊNCIAS SOCIAIS

DIREÇÃO CIENTÍFICA Fabiano Santos (UERJ-IESP)

CONSULTORES

Alícia Ferreira Gonçalves (UFPB)	Jordão Horta Nunes (UFG)
Artur Perrusi (UFPB)	José Henrique Artigas de Godoy (UFPB)
Carlos Xavier de Azevedo Netto (UFPB)	Josilene Pinheiro Mariz (UFCG)
Charles Pessanha (UFRJ)	Leticia Andrade (UEMS)
Flávio Munhoz Sofiati (UFG)	Luiz Gonzaga Teixeira (USP)
Elisandro Pires Frigo (UFPR-Palotina)	Marcelo Almeida Peloggio (UFC)
Gabriel Augusto Miranda Setti (UnB)	Maurício Novaes Souza (IF Sudeste-MG)
Helcimara de Souza Telles (UFMG)	Michelle Sato Frigo (UFPR-Palotina)
Iraneide Soares da Silva (UFC-UFPI)	Revalino Freitas (UFG)
João Feres Junior (Uerj)	Simone Wolff (UEL)

Para minha mãe, Suzana

AGRADECIMENTOS

Agradeço ao Conselho Nacional de Desenvolvimento Científico e Tecnológico (CNPq) pelo financiamento da pesquisa. Às estudantes de graduação que auxiliaram na realização da pesquisa de campo na etapa quantitativa, em especial à Naiara de Cássia Cardoso de Paiva, bolsista do projeto que acompanhou todas as suas etapas. Aos colegas que auxiliaram na pesquisa, em especial ao Sérgio Botton Barcellos. À Gabrielle Caseira Araújo pela realização da análise quantitativa. Aos colegas da Área de Sociologia da Universidade Federal do Rio Grande (FURG) que permitiram meu afastamento para a realização da pesquisa e estudo pós-doutoral junto à Universidade de Brasília (UnB). Agradeço à minha esposa, Renata, companheira, paciente e leitora crítica. Agradeço especialmente à professora Wivian Weller, incentivadora do projeto, orientadora do estágio pós-doutoral e referência para a pesquisa sobre juventude, pela paciência e acolhimento da proposta.

PREFÁCIO

A juventude não é progressista nem conservadora por natureza, mas, em função de uma força dormitante que sobre ela reside, está pronta para tudo o que há de novo (Karl Mannheim – tradução nossa[1]).

Na tentativa de apresentar possíveis alternativas para a superação de regimes autoritários Mannheim destaca a importância de uma concepção mais ampla da escola e de suas tarefas, argumentando que as novas gerações devem ter acesso a uma educação e formação política que transforme os jovens em agentes promotores da mudança social para a consolidação de sociedades democráticas (Mannheim, 1972). No ensaio *O problema da juventude na sociedade* moderna, publicado na coletânea *Diagnóstico do nosso tempo*, Mannheim (1961) discute o significado da juventude na sociedade e o papel que ela desenvolve ou deveria desenvolver. Destaca a importância de compreendermos os jovens levando em consideração o contexto histórico, político e social no qual estão inseridos e de percebermos a relação entre juventude e sociedade em termos de reciprocidade. Diferente das "sociedades estáticas" o autor defende que as "sociedades dinâmicas que querem dar uma nova saída, qualquer que seja sua filosofia social ou política" (id., p. 39) devem fazê-lo levando em consideração as futuras gerações. A experiência e criatividade dos mais velhos é importante na construção do novo, mas não pode suprimir a participação dos jovens nesse processo, assim como os conteúdos formulados por eles. Torná-los agentes, implica conhecer suas trajetórias educacionais e formativas, seus processos de construção de pertencimentos, suas visões de mundo e posicionamentos diversos.

Partindo da compreensão mannheimniana de juventude e de seus vínculos geracionais, Ricardo Severo, na obra *Juventude e política: uma proposta de análise geracional*, reconstrói as orientações políticas de jovens que frequentam o ensino médio no estado do Rio Grande do Sul, bem como outros aspectos do cotidiano como a experiência no ensino médio, os impactos da pandemia em suas vidas e a relação que estabelecem com as mídias sociais. Para tanto, nos anos 2019 a 2021, o autor, desenvolveu um estudo de natureza quantitativa e qualitativa em escolas públicas estaduais, privadas e em

---

[1] In: Mannheim, Karl. Diagnose unserer Zeit - Gedanken eines Soziologen [Diagnóstico de nosso tempo - reflexões de um sociólogo]. Frankfurt am Main: Büchergebilde Gutenberg, 1952, p. 62.

institutos federais nos municípios de Pelotas, Caxias do Sul e Porto Alegre. A pesquisa compreendeu a aplicação de 2.169 questionários em 19 escolas e a realização de 44 entrevistas com jovens estudantes ou concluintes do ensino médio na faixa etária entre 15 e 23 anos[2]. Trata-se, portanto, de um retrato da juventude sul grandense amplo e, ao mesmo tempo, denso, revelando compromisso ético e responsabilidade metodológica na construção do *corpus* da pesquisa e análise dos dados empíricos.

Como indicado no título da obra, o foco principal recai sobre as orientações políticas de jovens em um período conturbado da história brasileira, marcado pela não aceitação do resultado das eleições presidenciais em 2014 pelo candidato derrotado nas urnas, seguido do golpe e destituição da presidenta Dilma Rousseff em 2016 e da eleição do presidente Jair Bolsonaro em 2018. Os jovens participantes da pesquisa vivenciaram os mesmos acontecimentos de forma semelhante, mas os processaram de formas distintas. Severo aponta características do antagonismo esquerda/direita nesse momento histórico específico, "dado que é ele, nas suas relações sociais, disputas e oportunidades estruturais, que define como essas diferenças se apresentam" (cap. 8) e como são incorporadas pelos jovens em seus respectivos milieux. Os posicionamentos mais à esquerda, ao centro, à direita ou de não identificação com a política, são analisados a partir dos dados gerados no survey e nas entrevistas. O autor, entre outros aspectos, constata que jovens posicionados à esquerda se mostraram tímidos e, por vezes, forçados ao silenciamento diante da polarização política, sendo taxados pejorativamente como "comunistas" e "anti-Bolsonaro", numa tentativa de levá-los a se sentirem envergonhados de suas posições. Já os jovens que assumem uma posição de centro, também interpretada como não-posição, revelam uma tentativa pragmática de "aproximação da política sem necessariamente se comprometer com os polos opostos" (id.), uma estratégia para evitar o conflito, sobretudo no âmbito da família, bem como o isolamento de seus pares. Os jovens vinculados à direita, se apresentam como defensores do movimento conservador - vinculando esse posicionamento sobretudo às religiões cristãs e aos valores atribuídos à família tradicional -, da economia neoliberal e da negação de direitos relacionados à diversidade humana. Jovens pertencentes ao grupo dos que não se identificam politicamente, revelam uma tentativa de distanciamento de temas sobre os quais consideram não estar suficientemente informados ou "maduros para discutir ou simplesmente

---

[2] A pesquisa contou com apoio da Chamada Universal MCTI/CNPq Nº 01/2018.

por não gostarem "muito de política". Dessa forma, reclamam para si o *status* de suspensão de responsabilidades que, na visão desses jovens, cabem aos adultos, nomeadamente àqueles que fizeram da política a sua profissão.

A cada geração "grupos juvenis assumem características peculiares em um determinado tempo histórico e social, tornando-se representativos de um modo de compreensão e de comunicação de posicionamentos diante de demandas da sociedade" (Weller; Bassalo, 2020, p. 391). Ricardo Severo oferece uma análise instigante e reveladora das mudanças ocorridas nas últimas décadas e de como elas foram processadas por jovens dessa geração.

A obra destina-se a pesquisadores, gestores, professores, pais, estudantes e público em geral que buscam compreender as gerações mais jovens em suas especificidades e que estão comprometidos com uma educação e formação política voltada para o fortalecimento de sociedades democráticas e plurais.

Wivian Weller

Universidade de Brasília – UnB

Brasília, maio de 2024.

Referências

MANNHEIM, Karl. **Diagnóstico de nosso tempo**. Rio de Janeiro: Zahar editores, 1961.

MANNHEIM, Karl. A educação como trabalho de base. In: _____. **Liberdade, poder e planificação democrática**. São Paulo: Mestre Jou, 1972, p. 317-339.

WELLER, Wivian; BASSALO, Lucélia de Moraes Braba. A insurgência de uma geração de jovens conservadores: reflexões a partir de Karl Mannheim. **Estudos Avançados**, *[S. l.]*, v. 34, n. 99, p. 391-407, 2020. DOI: 10.1590/s0103-4014.2020.3499.023. Disponível em: https://www.revistas.usp.br/eav/article/view/173441. Acesso em: 26 mar. 2024.

SUMÁRIO

INTRODUÇÃO 15

1

GERAÇÃO EM UM SENTIDO SOCIOLÓGICO 21

Possíveis definições 21

Definindo geração sociologicamente. 23

Posição geracional 23

Geração como atualidade 25

Conexão geracional 26

Unidade geracional 27

Habitus 31

Visões de mundo 32

2

SENTIDOS DA JUVENTUDE HOJE 35

3

SENTIDOS DO ENSINO MÉDIO 51

4

PANDEMIA: MUDANÇAS E DESAFIOS 61

Focos narrativos 62

Autoanálise. 62

Adequação ao ensino remoto. 65

Rearranjos familiares. 67

Mudanças no trabalho. 68

Formas de interação. 70

5

A POLÍTICA PARA AS JUVENTUDES: TEMPORALIDADES,
POSICIONAMENTOS E POLARIZAÇÃO 73

Breve exposição sobre o contexto político brasileiro: identificando a emergência
das gerações. 74

Definindo a geração específica 91

Emergência geracional: quando surge a percepção sobre a política?...............92

Polarização: formas de lidar.....................................95

6
INTERNET E MÍDIAS SOCIAIS: POSICIONAMENTOS, BUSCA DE INFORMAÇÕES E ADICÇÃO 99

7
POSIÇÕES POLÍTICAS: PERFIL E COMPORTAMENTO DAS UNIDADES GERACIONAIS 125

8
CONSTRUÇÃO TIPOLÓGICA CONTEXTUAL DAS UNIDADES GERACIONAIS 139

Jovens de esquerda: envergonhados, "comunistas" e anti-Bolsonaro 141

Jovens de centro: o meio-termo como fuga da polarização...............155

Jovens de direita: conservadorismo, economia e religião...............157

Jovens que não se identificam politicamente: Gersons, decepcionados e busca por posição 165

CONSIDERAÇÕES FINAIS 171

REFERÊNCIAS 179

INTRODUÇÃO

Analisar a juventude na perspectiva geracional considera compreender suas formas de existência em dado período histórico e de que forma se apresentam e se constituem as orientações coletivas que se constituem para a leitura e atuação social. Inclui-se a construção de unidades geracionais que surgem principalmente a partir das possíveis diferenças nas formas de vida entre jovens e em que bases tais diferenças são produzidas. Em síntese, é preciso considerar as experiências desses jovens, compreendendo suas narrativas, baseadas nas suas formas de inserção no cotidiano e em determinadas redes sociais e institucionais e as condições histórico-estruturais. Assim, podemos observar quais são as continuidades e quais são as novidades da condição juvenil em comparação com jovens das gerações anteriores.

Procuro isso nos seus relatos e compreensões sobre o que é ser jovem, sobre os significados atribuídos ao estudo no ensino médio, como enfrentaram a pandemia de Covid-19, suas visões sobre a política e como se dá o uso das mídias sociais. Tais formulações auxiliarão, assim, a entender conjunturalmente a condição juvenil. É esse o intuito deste livro, tentando somar-se às contribuições que vêm sendo produzidas no Brasil sobre a juventude, em especial aquelas que partem de uma perspectiva geracional.

No final de 2019 iniciava a pesquisa sobre a socialização e construção de valores de estudantes do ensino médio do Rio Grande do Sul. Fui, junto com estudantes de graduação da Universidade Federal de Rio Grande (FURG), aplicar os questionários em escolas de ensino médio do Rio Grande do Sul. Em uma escola privada, enquanto aguardava no pátio que a equipe voltasse das salas de aula, incidentalmente ouvi o diálogo de um grupo de rapazes que deviam ter uns 14 anos e conversavam sobre a fala do então presidente Jair Bolsonaro na assembleia geral da ONU[3], elogiando-o e, o que chamou minha atenção, referindo-se à ex-presidenta Dilma Rousseff de forma machista: *"Aquela v*******."*, entre outros termos chulos. Fiquei chocado com a forma com que aqueles jovens, que eram crianças quando a presidenta governou, a adjetivavam e discutiam o tema. Na mesma escola, na questão que perguntávamos como se identificavam ideologicamente numa escala de 1 a 10, muitos responderam "anarcocapitalista", "conservador", entre outras respostas similares. Numa escola estadual a bolsista foi

---

[3] Disponível no link: https://www.youtube.com/watch?v=NdlKbN95e2A.

questionada em uma sala sobre por que o questionário trazia um enunciado diferente para a pergunta sobre a ocupação da mãe e do pai. Um erro de revisão do instrumento. Quando perguntávamos sobre o pai, o enunciado trazia "qual a ocupação do seu pai" e no da mãe "qual o setor de atividade econômica". Outro questionamento que surgiu em uma escola estadual foi sobre a ausência de outras alternativas na questão sobre gênero, para além de masculino e feminino[4], demandando que houvesse alternativas como *não binário*. Tais posicionamentos, em meu entendimento, já denotavam as orientações coletivas dessa geração de jovens.

Já no início da pesquisa então estava evidente para mim a centralidade de questões políticas e que naquele momento se mostravam mais fortemente nas questões de gênero. Nas entrevistas realizadas em 2021 e 2022 muitas das narrativas davam um peso significativo à política de modo geral, tratando sobre hábitos na internet, experiências na escola, na conversa com a família e amigos. Assim, a análise sobre política e ideologia, temas que faziam parte da pesquisa mas não eram o foco principal, para mim, tornaram-se centrais para compreender as dinâmicas sociais desses jovens, em especial considerando um contexto crescentemente conflitivo e, termo que se tornou moda, polarizado, seja na esfera pública ou privada.

Este livro busca analisar a visão desses jovens em relação à política a partir de uma perspectiva teórica fundamentada na sociologia do conhecimento e com enfoque na análise geracional com base em Karl Mannheim (1961, 1976, 1982, 1986) e Marialice M. Foracchi (2018), precursora do estudo da juventude na perspectiva geracional de Wivian Weller (2010, 2011), referência contemporânea da análise geracional da juventude. Mais especialmente, procuro identificar eventuais diferenças de visão de mundo a partir da construção de *unidades geracionais*, as quais contêm as *orientações coletivas* que expressam os recortes ideológicos próprios de dada conjuntura sócio-histórica e que definem as questões centrais para cada uma das unidades geracionais e as dividem, potencialmente, em grupos distintos na disputa política, ou a partir de orientações coletivas que são produzidas em espaços de experiência conjuntivo (Mannheim, 1982). Sem esgotar a pesquisa neste tópico, analiso também as questões que foram discutidas com esses jovens ao longo da pesquisa, como o entendimento que têm sobre o que é ser jovem, suas interpretações sobre a experiência no ensino médio, os impactos da

---

[4] A decisão de manter somente as alternativas masculino e feminino foi tomada após a aplicação de pré-testes em que rapazes começaram a fazer piada sobre a questão: "Aí, fulano, tu é "outro", né?"

pandemia em suas vidas e de que forma a internet e, em especial, as mídias sociais estão presentes em suas vidas.

O termo *geração* costuma ser empregado nos meios de comunicação como forma de identificar um grupo de idade e a ele são atribuídas características que, a princípio, seriam homogêneas, ou melhor, tenta-se essencializar determinados comportamentos como inerentes a grupos de idade. A interpretação que utilizo é distinta desse entendimento, buscando quais são os marcadores sociais e históricos que ajudam a entender de que forma as gerações interpretam e atuam sobre os fenômenos sociais. Dessa forma, no primeiro capítulo apresento o conceito de geração como ferramenta para análise das formas de constituição de práticas e identidades políticas.

A noção de juventude permanece em disputa, ora sendo descrita a partir de características exclusivamente biológicas, ora a partir de práticas culturais, restritas a grupos etários. Tornou-se senso comum nas Ciências Sociais compreender a juventude como uma construção social e histórica, compreendendo, a partir daí, as diferenças possíveis dentro desse conceito. Apropriando-me dos debates sobre o tema, mas dando atenção e prioridade ao público pesquisado, no segundo capítulo abordo os sentidos atribuídos à juventude pelos participantes da pesquisa. De que forma compreendem os sentidos de ser jovem hoje.

O terceiro capítulo explora como o ensino médio é vivenciado pelos estudantes. Quais são suas expectativas em relação à escola? De que forma vivenciam esse momento da vida? Considerando que é um período em que esses jovens constituem uma maior quantidade de laços sociais, desenvolvem expectativas sobre o futuro e, a partir da contribuição de Mannheim (1986), passam a ter contato com problemas que vão além daqueles imediatos ao círculo familiar, torna-se central compreender a visão que esses jovens têm da escola.

Um fenômeno global e que atingiu a toda humanidade nos primeiros anos da década de 20 foi a pandemia de Covid-19. Milhares de mortes no Brasil, retração econômica, fechamento de escolas, isolamento social, uma série de situações que não eram vivenciadas havia mais de cem anos, considerando-se a gripe espanhola como fenômeno global no início do século XX, requereram a mudança de padrões comportamentais de todo o mundo. No quarto capítulo trato da forma como a pandemia atingiu especificamente os jovens.

No quinto capítulo faço uma breve reconstrução histórica da política no Brasil, partindo da redemocratização e atendo-me em especial às duas últimas décadas deste século. Nesse cenário um tema que tem sido bastante explorado é a constituição da *polarização*, termo que é cada vez mais utilizado por várias áreas de conhecimento e tem se tornado um fenômeno que vai além da esfera política, com ênfase para a emergência de uma extrema direita global. Interpreto tal fenômeno a partir de sua constituição histórica e política, em especial considerando os principais atores que têm perpetrado formas de antagonismo político que não se atêm à esfera simbólica. Assim, compreendo que a polarização se apresenta em uma forma assimétrica e perniciosa, resultando em divisões sociais cada vez mais gritantes.

No sexto capítulo a internet e as mídias sociais são analisadas. Utilizo o termo *ubiquidade* para identificar a presença da internet em nossas vidas. Hoje quase todas nossas atividades requerem o uso da internet. Trabalho, lazer, comunicação, localização, informação etc. É algo tão presente e em todos os momentos que muitas vezes é *dado como certo*, para utilizar um termo de Garfinkel (2018), como se sempre estivesse ali, algo neutro, ou seja, uma simples ferramenta. Néstor Canclini (2020) apresenta o conceito de videopolítica para compreender a emergência e constituição de um sentimento de normalidade nas formas de apreensão da política pelo público em geral a partir de plataformas digitais. Influenciadores, parlamentares, ativistas utilizam mídias sociais para a comunicação política que é produzida a partir de determinados parâmetros definidos pelas *big techs*, o que produz formas específicas de comunicação e, relacionado ao capítulo anterior, a crescente polarização assimétrica e perniciosa. Buscando compreender de que forma a internet se apresenta hoje, o que denomina-se como *web 3.0*, analiso os usos das mídias sociais, as formas de apropriação da informação e da política pelos jovens.

No sétimo capítulo articulo a construção conceitual das unidades geracionais com as formas de apresentação contextual das posições políticas dos jovens pesquisados. Num primeiro momento, a partir das autoidentificações ideológicas apresentadas numa escala de dez pontos, sendo um a extrema esquerda e dez a extrema direita, considerando também aqueles que responderam não se identificar com nenhuma posição, relaciono essas posições ideológicas com variáveis que ajudam a definir e identificar de que forma tais posições se expressam e atuam.

No oitavo e último capítulo busco apresentar de que forma as unidades geracionais se apresentam na atualidade a partir das entrevistas realizadas em 2020 e 2021. Foi construída uma tipologia praxiológica (Bohnsack, 2011) que considerou a posição informada e a maneira como tratavam os assuntos que dizem respeito à política. Também, considerar as posições ideológicas como algo dinâmico a partir da experiência desses jovens em dada conjuntura foi fundamental para a construção dessa tipologia numa perspectiva geracional. A partir desse entendimento, foram percebidas orientações coletivas apresentadas em: jovens de esquerda, eventualmente envergonhada; jovens de centro na busca de evitar a polarização; jovens de direita desavergonhada; e jovens que não se identificam, que denomino como *Gersons*.

Em relação ao procedimento metodológico, a primeira etapa da pesquisa, de recorte quantitativo, foi realizada entre os meses de setembro e novembro de 2019. Foi utilizada a metodologia de *survey*, na qual inicialmente se projetou a aplicação de 2.315 questionários junto a estudantes matriculados no ensino médio regular em três cidades do estado do Rio Grande do Sul. Considerando o universo de 64.033 estudantes matriculados, segundo os dados do censo escolar do INEP de 2018, que correspondia ao quantitativo de 10.309 estudantes no município de Pelotas, 14.745 no município de Caxias do Sul e 38.979 no município de Porto Alegre, utilizou-se uma amostra representativa dos estudantes matriculados no ensino médio regular (ensino estadual, federal e privado), com nível de confiança de 95% e com margem de erro de 2 pontos. As escolas foram selecionadas aleatoriamente.

No processo de aplicação dos questionários, houve o cancelamento da visita presencial em duas escolas estaduais. Assim, o número final de questionários aplicados foi 2.169, totalizando 19 escolas visitadas. O total de questionários aplicados entre os municípios foi de 441 em Pelotas, 538 em Caxias do Sul e 1.190 em Porto Alegre, considerando a proporcionalidade do número de matrículas no ensino estadual, federal e privado (1.464, 281 e 423 questionários). A escolha desses municípios buscou atender uma maior representatividade na distribuição do Rio Grande do Sul (RS), escolhendo-se, além da capital do Estado, dois municípios com mais de 200.000 habitantes.

A etapa qualitativa foi realizada com 44 jovens estudantes ou concluintes do ensino médio, entre 15 e 23 anos; 23 do gênero masculino e 21 do gênero feminino; oriundos do ensino estadual (18), federal (14) e privado (12). Em relação à cor, 32 declararam-se brancos, 6 pardos, 3 negros e 3 não informaram.

As entrevistas foram realizadas, de outubro de 2020 a maio de 2021, virtualmente, o que tem sido cada vez mais comum e apresenta muitas facilidades (Hanna; Mwale, 2019), além de ser a mediação que possibilitou a realização da pesquisa no período pandêmico. Os(as) entrevistados(as) puderam optar por realizar a entrevista com câmera ligada (35), ou câmera desligada (9). A preocupação em realizar as entrevistas com vídeo e áudio se deu por entender que haveria maior envolvimento dos(as) entrevistados(as) na conversa, dada a necessidade de estabelecer mais aspectos da fachada (gestual, cênico, porte pessoal). Todas as entrevistas foram realizadas utilizando sempre o mesmo roteiro, que tratou de sete temáticas (*trajetória escolar, família, tempo livre, juventude, política, mídias sociais e perspectivas para o futuro*), e a questão de introdução do diálogo – *Como tem sido o período da pandemia para ti?*.

Buscaram-se tópicos, categorias, focos discursivos que demonstrassem regularidade na comparação e, portanto, pudessem mostrar a constituição de práticas e discursos comuns (Weller, 2017), cabendo a verificação de alteridade não aos(às) entrevistados(as), mas ao pesquisador, justamente pela identificação de práticas e avaliações distintas sobre situações.

Para captar as tipologias, considerou-se a necessidade de observar a saturação no campo da pesquisa qualitativa, ou seja, quando se atingem padrões de respostas, incluindo as diferenças que podem ser observadas entre as conversas e com base em características que passam a ser identificadas, processualmente, pelo pesquisador. A isso se denomina amostragem teórica (*theoretical sampling*) (Strauss; Corbin, 2008; Kruger, 2013), que nesta pesquisa considerou 44 entrevistas. Em relação ao conteúdo das entrevistas, dado o objetivo de construções narrativas, os questionamentos tratam da reconstrução de práticas. Assim, ao invés de perguntar-se "por que", buscou-se o "como", de modo que não se detenha em aspectos avaliativos, que também são considerados na análise, mas atenha-se à reconstrução de suas ações e interações (Weller; Otte, 2014). As definições dos quadros de experiência em relação às temáticas abordadas possibilitaram identificar as orientações coletivas e o sistema de relevância dos(as) jovens, o que está apresentado nas narrativas. Em todas as etapas da pesquisa foi garantido o anonimato. Na fase quantitativa o questionário informava sobre o anonimato, além de explicitar que a participação na pesquisa era voluntária. Na fase qualitativa, foram entregues os termos de consentimento e de assentimento, a depender se o(a) respondente era menor de idade e, da mesma forma, o anonimato foi garantido, sendo utilizados pseudônimos para identificar os(as) entrevistados(as).

GERAÇÃO EM UM SENTIDO SOCIOLÓGICO

Possíveis definições

São comuns as definições geracionais que tratam de totalidades, de pessoas que nasceram em determinada época e que teriam os mesmos traços psicológicos, como os *millenials* em relação ao trabalho, a *geração Z* sobre o uso das mídias sociais, e assim por diante. Tais considerações, quando acontecem, acabam por homogeneizar comportamentos de uma série diversa de pessoas que são escolhidas dentro de um coorte etário em dado período histórico sem, no entanto, buscar compreender as características do momento e local sócio-histórico no qual se encontram. Tais definições tendem a reduzir a realidade e não consideram eventuais diferenças oriundas de nacionalidade, cultura, classe, gênero e demais variáveis que sejam significativas para compreender a experiência social das pessoas que buscamos compreender. Por exemplo, não faz sentido pensar no emprego analítico da geração *baby boomer* para brasileiros que migraram do Nordeste para o Sudeste na década de 1950, quiçá para os brasileiros de modo geral. Alvarado *et al.* (2012) compreendem que esta corrente explicativa trata tais fenômenos em um sentido essencialista, "excluindo a análise das condições históricas e socioculturais em que tais comportamentos ocorrem" (p. 238).

Parto da perspectiva que as mesmas autoras definem como social construtivista, dando centralidade ao contexto social, assim como as variáveis intervenientes para identificação de possíveis destinos dentro de uma determinada posição social comum e, mesmo assim, sem um entendimento de fatalidade comportamental, mas de maiores probabilidades de um destino comum considerando os fenômenos que vivenciam, dadas as possibilidades que lhes são factíveis em razão de variáveis intervenientes, como classe, gênero, religião etc.

É preciso considerar, também, que, não raro, essas generalizações servem para construção de ideários comportamentais que muitas vezes são impostos às gerações reais a partir de interesses econômicos, como, por exemplo, que os mais jovens não desejam relações de trabalho fixas, preferindo uma maior "liberdade" na "escolha" do lugar e tempo de trabalho. É, na maioria das vezes, uma produção mercadológica. Sua principal finalidade é servir como marcador histórico, dizendo muito pouco sobre seus participantes, salvo, via de regra, que são identificados num quadro histórico determinado quando entram na juventude.

Outro exemplo de generalização geracional que auxilia na compreensão da difusão de modelos localizados para percepção de comportamentos e sua tipificação em contextos diversos é a *Geração de 1968*. Tal menção já aciona o imaginário: jovens estudantes mobilizados, surgimento dos novos movimentos sociais, contestação dos modelos educacionais clássicos, entre outras simbologias que servem como marcadores de identificação dessa geração. Entretanto, em primeiro lugar, tais marcadores não são necessariamente significativos para o conjunto de jovens daquele período, mas identificam o que Karl Mannheim define como *geração como atualidade*, ou até mesmo uma *unidade geracional* que naquela conjuntura se tornou dominante na disputa política[5]. Em segundo lugar, dado que as gerações surgem como resposta à realidade social na qual estão imersas, não é possível simplesmente exportá-la para outros contextos, mas pode servir como inspiração, requerendo traduções para as experiências sociais em questão. Assim, no Brasil da década de 1960, uma das expressões que surgem em 1969 da juventude é de sentido político e cultural durante a ditadura militar, mas que se desdobrou em diversas formas de manifestações culturais, seja contestatória, como a Tropicália, ou de um assimilacionismo norte-americano comodista, como a jovem guarda. Mesmo assim, ambos os exemplos não abarcam o conjunto de expressões possíveis de uma geração marcada por determinado contexto político e social. Não é impossível considerar que as manifestações dos jovens franceses tenham servido de inspiração para alguns segmentos jovens no Brasil, mas não há qualquer similaridade, salvo o coorte etário, dos sentidos das manifestações da juventude. Temos como resultado a construção de "gerações" a partir de uma generalização de situações sócio-históricas e recortes sociodemográficos particulares.

Outro exemplo de confusão conceitual: tem sido popularizado o termo *geração nem nem* para identificar jovens dentro de um coorte etário que não trabalham e tampouco estudam. Tal medição é feita internacionalmente e apresenta a proporção de jovens por país que são colocados dentro dessa categoria. Qual é o problema? Primeiro: é uma situação a qual as pessoas

---

[5] Tais conceitos serão definidos a seguir.

sofrem, estão sujeitas, em determinado período de suas vidas. No entanto, dado o estudo ser contínuo, não se refere a somente um recorte diacrônico e sincrônico, ou seja, não é um coorte etário em somente um período sócio-histórico, o que definiria a *posição geracional*. Segundo: ao caracterizá-las como uma "geração" num estudo contínuo, essencializam-se características ao grupo a partir de recortes ideológicos que são apresentados como técnicos para orientar o que deve ser feito sobre esses sujeitos[6]. Não existe geração *nem nem*, mas uma situação estrutural de inexistência de oportunidades de emprego e estudo para jovens em determinada faixa etária. Assim, tal designação explica mais a estrutura social e econômica do que a juventude que pretende analisar.

Prefiro então o entendimento de que a geração pode ser definida como uma coletividade que apresenta "uma sensibilidade e experiência histórica temporal específica" (Johansson; Herz, 2019, p. 32), sendo necessário, portanto, identificar seus traços constitutivos, sua diversidade e as características do momento em que surgem e desenvolvem-se, o que detalharei a seguir.

Definindo geração sociologicamente

Geração não é somente uma coleção de características homogêneas que são atribuídas a um coorte etário surgido em determinado período histórico. Como busquei apontar, isso não é suficiente para compreender possíveis formas de comportamento e pensamento de coletividades específicas. Parto da proposta de Karl Mannheim para o entendimento desse fenômeno por ser ainda hoje quem definiu de maneira mais precisa o que é uma geração, ou seja, sendo possível operacionalizar tal conceituação de forma a ser aplicável a diversas realidades. Isso é possível porque explicitou *o que considerar* para seu detalhamento, ilustrando a partir da juventude alemã do século XIX as possíveis diferenças em termos de unidades geracionais e como se expressaram os problemas sociais que se apresentaram à sociedade da época (Mannheim, 1952, 1986).

Posição geracional

O primeiro elemento a se considerar é a *posição de geração*, ou seja, a existência de pessoas de determinado coorte etário (sincrônico) em determinado período histórico (diacrônico) em que se vivenciam eventos sociais, políticos ou culturais que são marcantes para a coletividade específica.

---

[6] Emprego o termo para denotar que é uma construção teórica que entende as pessoas como passivas.

Ressalta-se aqui que está se levando em conta a mera existência. Isso não definirá, por si, geração. Por exemplo, o movimento caras-pintadas[7], protagonizado por jovens que foram às ruas em 1992 manifestando-se contra o então presidente Fernando Collor. As mobilizações ocorreram em várias cidades do país e aceleraram o processo de *impeachment* de um governo deslegitimado. Mesmo tendo sido um movimento de massas que contou com a participação de milhares de jovens, seria um exagero inferir que toda a juventude esteve envolvida nesse processo. Mais importante, é provável que muitos(as) jovens estivessem alheios a esse movimento, pelas razões mais variadas. Esses(as) jovens, por exemplo, que a proposta de Mannheim exclui como agentes ativos do entendimento de *geração como atualidade.* Daqui é possível se desdobrar um entendimento de participação ativa numa geração (*geração como atualidade*) e de participação passiva numa geração (mera *posição geracional*), ou seja, mera potencialidade[8]. Wivian Weller apresenta isso de forma precisa ao definir que:

> O que caracteriza uma posição comum daqueles nascidos em um mesmo tempo cronológico é a potencialidade ou possibilidade de presenciar os mesmos acontecimentos, de vivenciar experiências semelhantes, mas, sobretudo, de processar esses acontecimentos ou experiências de forma semelhante (Weller, 2010, p. 212).

É possível então utilizar o termo *posição de geração* ao se tratar de uma situação ou período histórico ao qual um coorte etário, via de regra que estabelece um *contato novo*[9] com o fenômeno em questão que é vivenciado de forma generalizada e potencialmente possibilita a constituição de uma *enteléquia,* um "princípio formativo, um dispositivo uniforme que impulsiona" (Weller, 2010, p. 209), em síntese, o que diferencia uma geração da outra a partir da observância de orientações coletivas específicas.

---

[7] https://www.politize.com.br/movimento-caras-pintadas/

[8] "A localização como tal apenas contém as potencialidades que podem ser materializadas, suprimidas, ou incorporadas noutras forças sociais e manifestadas de diferente forma. Quando dissemos que a mera coexistência no tempo não era suficiente para conseguir uma comunidade de localização de geração, estivemos próximos de fazer a distinção que chama agora a nossa atenção. Para partilharmos da mesma localização de geração, i.e, passivamente sofrermos ou ativamente usarmos as capacidades e privilégios de uma localização de geração, devemos ter nascido dentro da mesma região histórica e cultural. Mas a geração como realidade vai precisar de mais do que uma mera copresença em tal região histórica e social. É necessário um outro nexo concreto para que a geração se constitua como realidade [atualidade]. Este nexo adicional pode ser descrito como uma participação num destino comum desta unidade histórica e social" (Mannheim, 1986, p. 152).

[9] Em algumas traduções lê-se como contato fresco.

Geração como atualidade

O segundo elemento, portanto, é a *geração como atualidade,* ou seja, quando se busca compreender *como* se responde/age a respeito desse fenômeno de maneira coletiva. Tal entendimento pressupõe, necessariamente, a assunção subjetiva de pertencimento à coletividade que vivencia determinados fenômenos localizados historicamente. Aqui é necessário destacar a hipótese de como ocorre esse processo de subjetivação que leva ao entendimento de pertencimento geracional. É fundamental para essa subjetivação, que fará parte da construção biográfica geracional que vincula os aspectos diacrônico e sincrônico, o que Mannheim define como *contato fresco.* Trata-se da primeira experiência imediata, produzida pelas pessoas em resposta a eventos específicos e que produzirão o entendimento de que suas formas de responder a determinadas circunstâncias são estruturais.

Expressões como "no meu tempo" demarcam o início de sua participação e pertencimento específico no mundo social. Aqui é preciso diferenciar, portanto, a *construção de memórias* (produção geracional própria) daquelas *memórias herdadas* (memórias transmitidas por outras gerações)[10], considerando-se que não significa que haja um repertório único nesse processo, observando-se assim os processos de seleção dessas memórias herdadas a partir das formas de legitimidade e das formas de participação no mundo social, ou seja, as divisões ideológicas, expressas em tradições políticas. Por exemplo, o movimento de ocupações nas escolas de ensino médio que ocorreu no país durante os anos 2015-2016 (Ocupas). Tais mobilizações tiveram início, principalmente, em São Paulo, em razão da proposta de fechamento de algumas escolas pelo então governo estadual de Geraldo Alckmin (PSDB), e espalharam-se pelo país. No Rio Grande do Sul as manifestações, conforme estudantes, era pela melhoria da infraestrutura escolar e em solidariedade aos professores, então em greve, por terem seus salários parcelados durante o governo de José Ivo Sartori (PMDB).

O que era comum entre as manifestações no país foi sua inspiração nas mobilizações de estudantes chilenos ocorridas dez anos antes, o que ficou conhecido como "revolta dos pinguins", que à época manifestaram-se pela gratuidade do ensino, transporte público, entre outras demandas. Essa inspiração, ou memória herdada, foi transmitida a partir da tradução de um manual sobre o processo organizativo de como realizar e manter uma

---

[10] Entende-se que tal transmissão não será estruturante, num sentido funcionalista, mas que pode servir como instrumental para o repertório de experiências possíveis. Em síntese, não é um processo mecânico.

ocupação escolar[11], traduzido pelo coletivo O Mal Educado[12] e difundido pela mídia social Facebook, à época ainda bastante utilizada por jovens. Há, nesse exemplo, a transmissão de uma memória da forma de mobilização que é empregada por pessoas que se identificam com aqueles que são seus portadores originários[13] por compartilharem traços comuns (jovens estudantes de ensino médio). As Ocupas foram umas das formas de expressão geracional de um recorte histórico recente que teve em 2013 uma demarcação frequente em razão das mobilizações de massa ocorridas no Brasil neste ano[14]. Aqui se considera, para a formação da *geração como atualidade*, a constituição de uma experiência comum que produzirá a *conexão geracional*, terceiro elemento a se ter em conta para a identificação da geração.

Conexão geracional

Participar de uma *conexão geracional* significa tomar parte dos eventos históricos significativos de dada coletividade de referência[15]. Entretanto, para constituir a diferenciação enquanto geração, isso não é suficiente. As mobilizações de 2013 contaram com pessoas de diversas idades e, consequentemente, de diversas gerações, levando àquilo que Mannheim define como a contemporaneidade dos não contemporâneos. Isso significa que, no exemplo trabalhado, pessoas mais velhas acionam suas memórias prévias para associar com o atual ciclo de mobilizações (em especial os sentidos que atribuem às suas ações sociais). Para a geração mais nova, significa a construção de algo novo, dado que estão ingressando naquele momento na vida política e, portanto, produzindo sua memória, que, assim, estruturará sua percepção sobre como as coisas são, do que é compreendido como realidade, oriundo de um caminho específico, propiciado pela *posição geracional* da

---

[11] Há 10 anos, 'pinguins' marchavam no Chile. Entenda como isso mudou a educação link: https://www.ubes.org.br/2016/ha-10-anos-pinguins-marchavam-no-chile-como-isso-mudou-a-educacao/#:~:text=Estudantes%20apelidados%20de%20pinguins%20por,sentir%20ainda%20hoje%20no%20Brasil.

[12] Perfil do Facebook: https://www.facebook.com/mal.educado.sp/?fref=ts.

[13] Para os estudantes brasileiros, e não em um sentido histórico necessariamente. Em síntese, de quem se herda a memória.

[14] Não afirmo que as manifestações de massa foram monopólio da juventude, tampouco considero o elemento quantitativo. Trabalho a perspectiva do contato fresco, a construção da memória dos jovens que participaram ou acompanharam diretamente as manifestações desse período, constituindo-se para suas biografias como primeira experiência política significativa.

[15] Ela pressupõe um vínculo concreto, algo que vai além da simples presença circunscrita a uma determinada unidade temporal e histórico-social. Esse vínculo concreto Mannheim – em alusão a Heidegger – define como uma participação no destino comum dessa unidade histórico-social (Weller, 2007, p. 8).

constituição de um *estoque de conhecimento*[16] particular a cada geração, sem ignorar que é produzido em contato com outras gerações. Mais do que o entendimento de um destino comum é necessária a constituição daquilo que Karl Mannheim define como *conhecimento conjuntivo*[17], significando aquilo que é produzido por um grupo determinado e que não é de domínio comum, levando a práticas específicas e, em síntese, a constituição de uma comunidade, e que pode produzir um *habitus,* nesse caso, geracional. Em resumo, é conhecimento numa perspectiva específica de pessoas que compartilham caminhos de experiências comuns. Desse aspecto – caminhos de experiências comuns – é que dentro de uma *conexão geracional* podemos identificar o quarto elemento da análise: a *unidade geracional.*

Unidade geracional

Mannheim define unidade geracional da seguinte forma:

> Fazem parte da mesma geração real os jovens que experimentam os mesmos problemas históricos concretos; e constituem unidades de geração separadas aqueles grupos que dentro da mesma geração real trabalham o material de sua experiência comum de modos específicos diferentes (Mannheim, 1986, p. 154).

Essas unidades geracionais trabalharão de formas específicas os problemas que se apresentam à conexão geracional. O exemplo das ocupações das escolas de ensino médio por estudantes no Brasil – *Ocupas* –, durante os anos de 2015 e 2016, podemos considerar como uma das expressões possíveis de uma unidade geracional, enquanto sua antítese seriam jovens que se posicionaram contrariamente às *Ocupas*, situação frequente e, eventualmente,

---

[16] "O indivíduo não vive sozinho e para si mesmo: aquilo que emerge do contexto da sua experiência como uma formação distinguível não é uma função apenas do seu próprio fluxo experiencial. O indivíduo possui grande parte do seu estoque de experiência em comum com outros indivíduos. Estas experiências, que estão simultaneamente presentes em todos os indivíduos que pertencem às mesmas entidades constituídas por processos de socialização e formação de comunidades, devem estar mutuamente interligadas em estrutura de uma forma semelhante àquela que ocorre entre as partes experienciais de um fluxo individual de experiência. [...] A minha pertença a um grupo não consiste em concordar, fortuita e ocasionalmente, com base no meu próprio padrão de motivos, com os conteúdos experienciais de outros indivíduos pertencentes ao mesmo grupo, mas sim em ser capaz de completar consideráveis extensão de experiência padronizada em comum com os outros membros do grupo. Somos trazidos para a comunidade apenas na medida em que, e na medida em que, comunitariamente, deixamos para trás tais períodos comuns de experiência" (Mannheim, 1982, p. 71).

[17] O conhecimento conjuntivo produz, para Mannheim, o estabelecimento de uma comunidade de entendimento sobre o mundo a partir do compartilhamento de uma posição social específica. Assim, geração é somente uma das variáveis a se considerar para a produção desse conhecimento conjuntivo.

em grupos concretos, como o Movimento Brasil Livre (MBL), organização que surge em 2014 durante as manifestações contra a então presidenta Dilma Rousseff (PT) e que também se mobilizou contra as *Ocupas*.

As unidades geracionais se percebem como antagônicas e seus integrantes podem ou não integrar grupos concretos. Nesse caso há de se observar a constituição, além do *habitus* da unidade geracional, um tipo mais específico de *habitus* daqueles integrantes do grupo concreto, considerando-se aquilo que Pierre Bourdieu compreende como portadores de capitais políticos (2007) a partir da participação e engajamento na disputa política cotidiana. Serão esses sujeitos, via de regra, que se constituem enquanto referências à unidade geracional e podem comunicar às suas comunidades ideológicas as orientações coletivas. Tal referência, no entanto, não é suficiente para a produção da visão de mundo específica. Antes, servirão como representantes daquilo que é produzido em espaços de experiência conjuntiva de determinadas unidades geracionais. Novamente, será um *habitus*, oriundo da produção de um *conhecimento conjuntivo* que, por sua vez, é produzido em *espaços conjuntivos* em que ocorrem e são produzidas as experiências que irão constituir as unidades geracionais. Serão formas compartilhadas de ver o mundo que servirão para a identificação dessas pessoas e produção de repertórios políticos comuns, como o uso e criação de termos, formas de falar, vestir etc. Interessa aqui identificar: como tais unidades surgem, devendo-se observar para tal como se constituem essas formas de agir, pensar, se organizar, considerando dada conjuntura; e quais variáveis são significativas para a diferenciação e construção dessas visões de mundo.

A partir desse entendimento, ao considerarmos o Brasil, na segunda década do século XXI, ser um neopentecostal provavelmente, mas não fatalmente, indicará uma posição política específica, dada sua construção recente estar relacionada à adoção de valores morais conservadores. Da mesma forma, acionar o gênero de forma positiva ou negativa e política denota também determinadas posições específicas. É certo que tais marcadores não são monopólio de uma única geração. No entanto, para a análise específica, novamente, considerarei o *contato novo* (ou original), o que levará à naturalização da percepção de "como as coisas são", considerando aí quais são os problemas do tempo presente e como se apresentam seus antagonismos. Assim, a unidade geracional considera a forma específica como uma conexão geracional abordará um problema que é compartilhado pela geração. Dentro desse entendimento, Mannheim considerava como um traço importante para a juventude no ingresso de uma geração a transcendência da preocupação imediata, do cotidiano individual, ou seja, dado o período da vida em que, via de regra, ainda é possível não estar totalmente imerso em preocupações imediatas (família, trabalho, filhos etc.), a juventude teria maior possibilidade de engajar-se em problemas sociais não relacionados a si, ou melhor, quem sabe, às preocupações imediatas. Tal noção implica a possibilidade de moratória social[18] como elemento significativo para o ingresso nas unidades geracionais, ou pelo menos uma maior probabilidade para tal, dado que isso se traduz em maior tempo disponível para atenção ao que pode ser considerado como problemas sociais gerais, ou o "estar em dia como os problemas presentes", como Mannheim compreendeu. Aqui, junto com a moratória e, quem sabe, como um de seus elementos, considera-se o período escolar como fundamental para esse colocar-se em dia com os problemas presentes, considerando três elementos: a apropriação de conhecimentos gerais distribuídos ao conjunto da população, o processo de socialização (incluindo aí socialização política) para além do núcleo exclusivamente familiar e, dada a diversidade social, a possibilidade de produção de um *éthos* democrático[19] pela participação em um ambiente que diversifica a experiência social imediata.

A respeito da moratória social, pondero duas questões: primeiro, é preciso considerar que problemas imediatos, cotidianos, podem ser também problemas gerais, coletivos, e têm potencial de constituir-se como causa à construção de unidades geracionais. Assim, sugere-se que é preciso considerar que há primeiro o entendimento que o vivenciado imediatamente é uma questão que se coloca também a outras pessoas, constituindo a noção de comunidade, assim como alguma forma de opressão vivenciada a partir de algum marcador social. Também que se possa identificar quais são as possíveis razões para a existência daquela situação, ou seja, a produção de um diagnóstico e de um prognóstico coletivo. Por óbvio isso não elimina a necessidade de estruturas de suporte para auxílio da atividade da unidade geracional. No entanto, há de se considerar que isso será observado no caso da constituição de grupos concretos da unidade geracional, que, consequentemente, contará com a participação de ativistas, militantes, uma

---

[18] Possibilidade de postergar as responsabilidades geralmente atreladas ao que se considera como fase adulta, como já mencionado, trabalho, família, filhos etc. É importante considerar que a possibilidade ou não dessa moratória dependerá da sociedade analisada em questão, do tempo histórico, do desenho estatal, entre outras características significativas.

[19] Parto do entendimento que uma das razões para a atual extrema direita descredibilizar o espaço escolar no Brasil contemporâneo é justamente a possibilidade da adoção desse *ethos* democrático por parte da juventude.

categoria muito específica de participação política e que não responderá à totalidade. Esta questão é fundamental para a compreensão da noção de geração a partir de contextos que não aquele observado por Mannheim.

Empregando o entendimento do próprio autor acerca da sociologia do conhecimento, sua interpretação da moratória social parte da realidade ocidental, em que há possibilidade mais generalizada da oferta deste tempo ocioso, somente para os estudos e, mais importante, distante de problemas que são, em princípio, da etapa adulta, assim como a inexistência de formas de discriminação que possam ser vivenciadas desde a infância. Isso não é aplicável à realidade brasileira. Pensando em nossa realidade, mesmo quando há a possibilidade de realização do ensino médio, o que é o caso da maioria dos jovens de 15 a 17 anos[20], faixa média da pesquisa, existem demandas a muitos desses jovens que impossibilitam esse afastamento das responsabilidades que seriam compreendidas como próprias da fase adulta.

Segundo, é preciso considerar a possibilidade de urgência no ingresso na conexão geracional e unidade geracional, não havendo espaço para ponderação sobre moratória social. Tal urgência pode estar relacionada à necessidade de alteração tanto dessas questões imediatas quanto de questões que dizem respeito à própria existência. Assim, colocar-se em dia com os problemas da sociedade dirá respeito aos seus próprios problemas. Aqui não implico um determinismo, como as condições materiais levarem necessariamente à consideração e vinculação aos problemas gerais[21], mas somente que não é necessária a existência da moratória social para a constituição de unidades geracionais, o que pode inferir uma interpretação elitista[22] ou, como expus antes, distante da realidade brasileira. Não ignoro, mesmo assim, sua importância.

Também é interessante considerar as diferenças entre pessoas no que diz respeito às suas participações na estratificação social. Assim, Johansson e Herz (2019) propõem considerar que tais diferenças compreendem *camadas*

---

[20] De acordo com o PNE, o percentual de jovens nessa faixa etária que estavam matriculados no ensino médio em 2020 e 2021 era de 75,4%. Essa taxa reduz significativamente quando se considera a faixa etária dos 18 aos 24 anos, período em que se espera que se realize o ensino superior.

[21] Lúcio Kowarick (2009) ponderou sobre que possibilidades pessoas que saem de casa na madrugada, trabalham até a noite e retornam novamente na madrugada para suas casas têm para pensar em questões que não sejam aquelas imediatas, ou ainda, dado não haver tempo para estabelecimento de outras formas de sociabilidade que não sejam aquelas necessárias à sobrevivência, de constituir qualquer forma de organização coletiva. Aqui, portanto, deve-se considerar *sociabilidade* e *tempo* como fundamentais para a transcendência das questões imediatas, tanto em termos de entendimento quanto de ação.

[22] Como já observou Wivian Weller sobre interpretações que consideraram que somente jovens universitários constituiriam uma geração no Brasil (2010).

geracionais, que podem diferenciar as formas de experienciar a realidade social com base em suas posições sociais significativas, como gênero, raça, classe etc. Assim, é preciso uma análise contextual para compreender quais são as formas de experiência social com base no pertencimento a determinados espaços conjuntivos que possibilitam a constituição e pertencimento a unidades geracionais específicas. Importa observar que é necessário tempo e constituição de formas específicas de sociabilidade, ou *espaços conjuntivos*, que constituirão *habitus* específicos que se vinculam à performatividade atinente às formas de compreensão da unidade geracional de referência dos "problemas do presente", o que não significará uma necessária homogeneidade comportamental de seus participantes, mas a construção desses diagnósticos e prognósticos que são produzidos a partir de orientações coletivas que são comuns a essas comunidades de pertencimento porque identificam em maior ou menor grau quem são seus possíveis integrantes e quem são seus possíveis antagonistas. Isso é perceptível mais facilmente num nível ideológico e aproximado no nível geracional e pode se apresentar como demarcador a partir do *habitus*.

Habitus

Utilizo o conceito de *habitus* a partir da construção de Pierre Bourdieu, definido como um sistema de "disposições duráveis e transponíveis, estruturas estruturadas predispostas a funcionar como estruturas estruturantes, ou seja, como princípios geradores e organizadores de práticas e de representações" (Bourdieu, 2009, p. 87), mas considerando necessário aprofundar tal noção a partir da contribuição de Ralf Bohnsack (2011), que busca definir tais disposições a partir de uma tipologia praxiológica, e não a priori. Será uma aproximação das formas com que as visões de mundo se apresentam pelos sujeitos pesquisados, tendo por base como comunicam as suas orientações coletivas e que são externadas em *habitus* específicos. É preciso investigar, então, quais variáveis são significativas para produção desses *habitus* a partir da análise contextual, considerando ainda quais variáveis são intervenientes para constituição da singularidade geracional, seja na conexão ou na unidade geracional.

Os autores definem geração como uma "coorte de pessoas passando pelo tempo e que compartilham um *habitus*, hexis[23] e uma cultura comum,

---

[23] Pode-se compreender a hexis como a forma como o *habitus* é corporificado, ou seja, nas formas de apresentação de si e que vinculam essa apresentação a coletividades específicas.

cuja função é lhes fornecer uma memória coletiva que sirva para integrar a coorte durante um período finito de tempo" (Eyerman; Turner, 1998, p. 91). Os autores consideram a possibilidade de o *habitus* ser compartilhado por uma geração como um todo e empregam uma noção bourdieusiana que considera a disputa por recursos finitos nas práticas atinentes ao *habitus* geracional. Tal assunção é possível pela consideração do tempo partilhado como uma forma de *espaço conjuntivo* e que constitui, assim, uma "identidade temporal e uma memória coletiva" (Eyerman; Turner, 1998, p. 93). Considero essa proposta possível somente na medida em que haja uma experiência coletiva de um coorte etário que vivencia um fato histórico que lhes marca a memória coletiva criada e vem a se constituir como estruturante de suas práticas e representações, produzindo uma *conexão geracional*. Entretanto, compreendo que somente o tempo partilhado não é suficiente para constituição de um *habitus* geracional único, salvo em caso excepcionais, como guerras, catástrofes que atingem determinada população de forma generalizada. Não sendo o caso, o *habitus* é, mais provavelmente, identificado nas unidades geracionais e, com certeza, em grupos concretos. Esses grupos ou mesmo unidades geracionais estarão vinculados a uma forma de divisão que será intergeracional, mas organiza as experiências tendo em conta de que posição se considera a sociedade, constituindo o que Mannheim denomina como visões de mundo, ou ainda, as ideologias.

Visões de mundo

Para Mannheim, a visão de mundo é a forma como as pessoas interpretam a realidade e se apresentam em estilos de pensamento específico e tem por base sua participação social, devendo-se considerar a quais grupos está vinculado, ao momento histórico, à posição social, a qual deve considerar variáveis intervenientes que estruturam a existência social e que produzirão "*estoques de experiência* compartilhados com outros indivíduos" (Mannheim, 1982, p. 71).

> Uma visão de mundo é um conjunto estruturalmente ligado de contextos experienciais que constitui a base comum sobre a qual uma multiplicidade de indivíduos aprendem juntos com a vida e entram nela. Uma visão de mundo não é, então, nem a totalidade das formações espirituais presentes em uma época, nem a soma dos indivíduos então presentes, mas a totalidade dos conjuntos experienciais estruturalmente

interconectados que podem ser derivados de ambos os lados, das criações espirituais ou da forma dos grupos sociais. O que aqui se pressupõe é que as experiências e atitudes fundamentais não emergem isoladamente no substrato da vida dos indivíduos, mas que os indivíduos que são classificados juntos no mesmo grupo partilham um estoque básico de conteúdos experienciais[24] (Mannheim, 1982, p. 91, tradução nossa).

Um exemplo da constituição de tais grupos de estoque de experiências comuns pode ser encontrado no livro *2013*, de Angela Alonso (2023), em que trata das manifestações políticas que tomaram o país nesse ano. A autora apresenta a proposta de divisão política mais abrangente nos grupos socialista, neossocialista e patriota. Aqui se compreendem diferenças ideológicas, sendo os dois primeiros grupos mais próximos, mas distintos e com diversas organizações dentro de si. Em dadas conjunturas estiveram mais próximos e, com o desenvolvimento dos governos petistas, o segundo grupo buscou autonomizar-se e trazer propostas e pautas políticas de forma independente ao poder executivo, enquanto o primeiro grupo sempre esteve mais fortemente vinculado ao PT. O terceiro grupo passa a contar com maior adesão, e em especial considerando-se mobilização de massas, a partir, especialmente, de 2015. Da mesma forma, há diferenças internas dentro desse grupo identificado como patriotas, compreendendo aí liberais, militaristas, monarquistas, extrema direita, entre outros. Em todas essas divisões encontraremos diferenças internas que se remeterão também às *camadas geracionais*, contidas nas *unidades geracionais* e que expressarão *habitus* distintos.

---

[24] A world-view is a structurally linked set of experiential contextures which makes up the common footing upon which a multiplicity of individuals together learn from life and enter on it. A world-view is then neither the totality of spiritual formations present in an age nor the sum of individuals then present, but the totality of the structurally interconnected experiential sets which can be derived from either side, from the spiritual creations of from the social group formations. What is presupposed here throughout is that fundamental experiences and attitudes do not emerge in the substratum of individual's lives in isolation, but that individuals who are classed together in the same group share a basic stock of experiential contents.

SENTIDOS DA JUVENTUDE HOJE

Muitas pesquisas partem da compreensão de que juventude é uma criação social e, via de regra, adultocêntrica. Isso significa que é interpretada como fase da vida à qual se atribuem papéis específicos e, consequentemente, limites ou abertura de possibilidades. Há então uma divisão nas interpretações, que ora se apresentam numa perspectiva funcionalista, entendendo a juventude como fase da vida em que são ofertadas pela sociedade algumas liberdades, ora como a moratória social, período que seria disponibilizado para a formação educacional e aproveitar experiências e expressões que não são bem vistas nas fases posteriores da vida. Ainda nesta etapa da vida seria disponibilizado o treinamento para o futuro, para que na fase adulta ingresse numa atividade laboral, em síntese, numa função. Tal interpretação é, em meu entendimento, insuficiente para analisar a juventude.

Não se ignora com isso o fato de tratar-se de uma etapa da vida que considera para sua definição também os aspectos biológicos, os quais não são suficientes, por si, para sua identificação, e na qual se atribuem, via de regra, determinadas expectativas sobre os processos de socialização específicos a essa fase da vida. Tais expectativas de processos de socialização são variáveis de acordo com a geração observada, assim como classe, gênero, raça, religião e outras variáveis intervenientes, como a história da criação da juventude como uma das fases da vida.

A criação da juventude como a conhecemos ocorre no período moderno (Zorzi; Kieling; Weisheimer; Fachinetto, 2013), o qual divide a vida em fases: infância, juventude, adultez e velhice. Mais importante, incluir a juventude como criação moderna compreende localizá-la numa lógica ocidental, tanto pela construção da datação histórica quanto das instituições, relações de poder e compreensões sobre a forma do Estado, mercado, família, religião etc., inerentes a essa produção societal. É, em síntese, uma criação social e historicamente pensada para as populações da Europa e da América do Norte – excetuando México –, o que indica determinadas relações de poder baseadas em classe, raça, gênero, religião, idade e outras variáveis significativas em cada contexto em análise. Essa compreensão é fundamental, pois trata de identificar como as divisões sociais são construídas e quais são e como as relações de poder são estabelecidas, pois cria e muitas vezes condiciona uma "estrutura de atitudes e referências" (Said, 2011, p. 26) que se impõe, não sem resistências, do centro à periferia. Aqui cabe um parêntese sobre como tal questão – a compreensão de nosso lugar de pertencimento cultural e político – se apresenta atualmente.

Tal compreensão é central no nível fático, para entendimento de como operam tais categorias junto aos atores analisados e, consequentemente, no nível ideológico. É cada vez mais frequente a convocação pela extrema direita a uma guerra cultural, que na narrativa desses sujeitos foi inaugurada pela esquerda a partir de uma releitura de Antônio Gramsci e assim adentram nas diversas instituições sociais com objetivo de destruir a *civilização*. Tais discursos surgem de autores de fato ocidentais (Kreeft, 2023) e também daqueles da periferia, que não fazem tal distinção, vendo-se a partir da perspectiva do dominante e construindo uma visão quase idílica da criação do Brasil e ideólogos do conservadorismo (Garschagen, 2023), e com cada vez maior número de aderentes. Um exemplo significativo dessa perspectiva é o canal do YouTube *Brasil Paralelo*[25], em especial na série *A última cruzada*, reinventando o processo de colonização do país numa perspectiva reacionária, reabilitando os colonizadores, buscando apagar tal diferença ao colocar-se como portadores de uma tradição ocidental. Ignoram ou não se importam que, para os de fato ocidentais, sejam vistos como latinos, brasileiros, em síntese, não ocidentais.

Tais construções vão desde a revisão histórica e busca de reconstrução de marcos institucionais macroestruturais que legitimam discriminações com base em valores abstratos (mérito, liberdade), mas que são sempre próprios daqueles que adotam seus valores, necessariamente cristãos (tópico que apa-rece via de regra como central), até os aspectos do cotidiano, apresentando um receituário sobre a centralidade da família (tradicional), de como agir (temperança, liderança, meritocracia), que é popular, primeiro, por apresen-tar-se em uma linguagem acessível, num formato híbrido de leitura estilo *readers digest* com autoajuda, e, segundo, identificar responsáveis imaginários pelos problemas da sociedade – progressistas, gays, minorias etc. Apaga-se nesse debate, seja nos que reivindicam para si a tradição ocidental, seja em muitas vertentes contemporâneas do que se denomina como *decolonialidade*,

---

[25] Para uma ótima análise sobre esse grupo sugiro a dissertação Agenda conservadora, ultraliberalismo e "guerra cultural": "Brasil paralelo" e a hegemonia das direitas no Brasil contemporâneo (2016-2020) de Mayara Aparecida Machado Balestro dos Santos, disponível em https://tede.unioeste.br/handle/tede/5774

as relações de classe, ou seja, a persistência do sistema capitalista como elemento de fundo para perpetuação de exploração, e aparece, em especial para a extrema direita, como central a *guerra cultural*, a qual se estabelece em termos, quase sempre, morais. Parto então de uma compreensão que entende haver a distinção entre Ocidente metrópole e ocidentalizados periferia, não significando homogeneidade em cada caso, pois, como expus, há aqueles que buscarão "retomar" a tradição, e, mais importante, no nível ateórico (Mannheim, 1986), tais *estruturas de atitude e de referência* constituem a realidade cotidiana, em termos morais, econômicos, culturais etc., e influenciam na construção da visão de mundo da juventude contemporânea que adere à visão de mundo conservadora.

Assim, retomando a interpretação sobre a categoria juventude, aqui é importante observar também que a análise proposta se dará em um país ocidentalizado, ou seja, colonizado por um dos países do Ocidente. Isso significa que houve imposição de estruturas ocidentais e perpetuação da valorização desse modelo sem que seus benefícios fossem apropriados por toda população ocidentalizada. Em síntese, para ser possível compreender a juventude é necessário que a análise compreenda uma perspectiva *interseccional*, isto é, que dê conta de considerar quais categorias são intervenientes para a produção de relações sociais de poder e seu encaixe nas instituições para as quais foi produzida tal categoria. Como bem observam Patricia C. Hills e Sirma Bilge,

> [...] em determinada sociedade, em determinado período, as relações de poder que envolvem raça, classe e gênero, por exemplo, não se manifestam como entidades distintas e mutuamente excludentes. De fato, essas categorias se sobrepõem e funcionam de maneira unificada. Além disso, apesar de geralmente invisíveis, essas relações interseccionais de poder afetam todos os aspectos do convívio social (Collins e Bilge, 2021, p. 16).

As autoras bem observam que, além das categorias citadas, podem servir como forma de discriminação a orientação sexual, nacionalidade, etnia e faixa etária. Para ficar nessa última categoria, foco do livro, um exemplo que será tratado a seguir, a moratória social, tempo que é disponibilizado para a juventude poder estudar e não ter de preocupar-se com questões compreendidas como tipicamente da vida adulta (em resumo, a necessidade de trabalhar), não é proporcionada ao conjunto da juventude brasileira, sendo um dos marcadores para desigualdade social no Brasil, estruturalmente, a classe e a raça (Carneiro, 2011; Moura, 2019). É, portanto, uma forma de exclusão dessa possibilidade em razão de características interseccionais. Ainda pensando na categoria juventude, no Brasil são as principais vítimas de violência, considerando que a "cada vinte minutos um jovem é assassinado" (Cerqueira; Bueno, 2023, p. 24), e é entre os homens negros o maior percentual de violência[26]. Tais processos ocorrem em um contexto periférico e ocidentalizado. Sinteticamente, estabelece-se uma relação de exploração entre centro e periferia em que as contradições do centro do poder se apresentam de forma mais rigorosa nos países dependentes.

Não obstante tais diferenças, as definições de juventude buscam produzir uma homogeneidade, dado essa categoria ter sido produzida em espaços sociais que não continham em si diferenças tão discrepantes (como as apresentadas antes). Também a noção do período biológico será mutável conforme o período histórico e sociedade que analisamos. Altera-se de acordo com as mudanças ocorridas nos países ocidentais e ocidentalizados. Por exemplo, a noção de adolescência está contida dentro da juventude e tende a ser utilizada mais comumente nas áreas biomédicas e para criação de políticas públicas específicas e que serão normatizadas por documentos guia.

Conforme o Estatuto da Criança e do Adolescente (ECA), em seu artigo 2.º, essa fase vai dos 12 aos 18 anos de idade. Já a Organização Mundial da Saúde (OMS) compreende que essa fase vai dos 10 aos 19 anos. Um conceito possível e comum para a adolescência é sua definição como uma "etapa da vida compreendida entre a infância e a fase adulta, marcada por um complexo processo de crescimento e desenvolvimento biopsicossocial" (Brasil, 2007, p. 7). É para a adolescência que costumam se dirigir a maior parte das políticas públicas, considerando-se, por exemplo, o próprio ECA. Para o entendimento de juventude, existe uma maior elasticidade temporal, mantendo-se, mesmo assim, a noção de fase e, mais importante, de desenvolvimento.

No Estatuto da Juventude (2013) considera-se o período que vai dos 15 até os 29 anos. Nesse período também se criam subdivisões, como, por exemplo, a consideração que a fase dos 25 até os 29 anos é própria dos jovens adultos, categoria mais recente. No México a juventude é considerada como fase que vai dos 12 aos 29 anos de idade, conforme lei do Instituto Mexicano

---

[26] Número de homicídios de jovens negros é três vezes maior do que de brancos. Disponível em: https://www.frm.org.br/conteudo/mobilizacao-social/noticia/numero-de-homicidios-de-jovens-negros-e-tres-vezes-maior--do-que. Acesso em: 23 maio 2024.

da Juventude. Na Colômbia a juventude é compreendida no período dos 14 aos 28 anos de idade e definida, conforme a Lei n.º 1.622, de 2013, como a etapa de vida da "pessoa que se encontra em processo de consolidação de sua autonomia intelectual, física e moral, econômica, social e cultural e que faz parte de uma comunidade política e nesse sentido exerce sua cidadania" (Colômbia, 2020). É, portanto, uma definição política com diversas implicações, no sentido de atribuir direitos e responsabilidades específicas e direcionamento de políticas públicas que trazem, implícita ou explicitamente, a noção de tratar-se de uma fase da vida que corresponde a processos de socialização que contribuam para o amadurecimento e aprendizagem.

O presidente da extrema direita que governou o Brasil de 2019 a 2022 em diversos momentos[27] de sua carreira política defendeu a redução da maioridade penal para os 16 anos, trazendo exemplos de crimes realizados por menores de idade que "já sabiam o que estavam fazendo". No entanto, quando um filho seu propôs o fechamento do STF por militares, um crime contra o Estado de Direito, o então candidato à presidência disse que "já advertiu o garoto", à época com 34 anos[28]. Percebem-se dois elementos necessários em todas essas definições: recorte etário (que será variável conforme a realidade observada e suas lutas políticas) e noção de desenvolvimento como característica própria e necessária desse momento da vida. Para jovens pobres e, via de regra, negros, o período de aprendizado é limitado. Para jovens ricos e, via de regra, brancos, o período de aprendizado é flexível. É, de todo modo, um marcador dessa fase, com suas variações em razão da situação juvenil (o que se verá a seguir), a possibilidade de dispor de tempo para estudos e de ócio, não obrigatoriedade de trabalhar.

Tais elementos serão abordados enquanto experiências sociais típicas desta fase da vida e compreendidas enquanto *condição juvenil* (Abad, 2003; Abramo, 2008; Sposito, 2003). Para tal, consideram-se as formas de socialização que ocorrem com maior frequência nessa etapa da vida, sem ignorar a diversidade possível de ocorrer de acordo com a localização sócio-histórica da juventude em análise. O conceito dialoga, portanto, com aquelas expectativas relacionadas às experiências e existência consideradas como típicas da juventude em dado momento e local, comportando ainda a noção

---

[27] Deputado Jair Bolsonaro diz que redução da maioridade penal vai proteger a sociedade (28/5/2015). Disponível em: https://www.camara.leg.br/noticias/460169-deputado-jair-bolsonaro-diz-que-reducao-da-maioridade-penal-vai-proteger-a-sociedade/. Acesso em: 23 maio 2024.

[28] "Eu já adverti o garoto", diz Bolsonaro após fala do filho sobre STF (22/10/2028). Disponível em: https://noticias.uol.com.br/politica/eleicoes/2018/noticias/2018/10/22/bolsonaro-filho-fechar-stf-repercussao.htm. Acesso em: 23 maio 2024.

de *situação juvenil*, a qual vai tratar da diferenciação dentro da juventude em análise, considerando-se conjunturalmente quais variáveis significativas que podem gerá-las[29] (como gênero, raça, classe e etc.), e que resultará em diferentes possibilidades de socialização, processo central para a análise da condição juvenil e constituição de *habitus* distintos. É em razão da possibilidade de variadas experiências que se utiliza no país o termo *juventudes* para expressar a diversidade da *condição juvenil*, relacionada a formas distintas de socialização.

A socialização será compreendida como aquelas "formas sociais e históricas em que os indivíduos participam ativamente da construção social e da construção de si mesmos" (Setton, 2016, p. 29), o que ocorre por caminhos variados de acordo com as possibilidades dos indivíduos em questão, diferenciando-se da noção funcionalista de um processo de formação das gerações mais velhas sobre as mais novas. Tais possibilidades devem considerar as variáveis elencadas antes. Consideremos a situação vivida por jovens que moram em localidades em que são frequentes os fechamentos das escolas em razão da violência, além de considerar a própria vivência da violência cotidianamente. A experiência da condição juvenil, comparando-se a jovens que não sofrem violência cotidianamente, expressa formas diversas de socialização. Esses casos tratam de *condições juvenis* distintas. Existem elementos estruturais que não representam uma fatalidade no destino individual, mas que não devem ser ignorados, pois representarão possibilidades de socialização diferenciadas. Mesmo com essa diversidade de condições, uma das expectativas para a vivência da juventude é a possibilidade de experienciar a moratória social, como comentado anteriormente, via de regra, compreendida como relacionada à perspectiva funcionalista (Groppo, 2015).

As principais críticas feitas a essa abordagem é que tem um caráter normativo, determinando papéis (incluindo-se aí a própria noção de papel social), atribuindo a moratória social como período preparatório para vida adulta e, por fim, que essa moratória não é acessível à totalidade da juventude. Compreendo que as críticas estão corretas, em especial quando há uma pretensão normativa, em especial no que diz respeito à moratória social e percepção funcional, tanto dessa possibilidade quanto da noção esquemática de inserção de jovens num mundo social que lhes atribui, de forma gradual, maiores responsabilidades, assim como a não identificação de

---

[29] Em razão dessa diferenciação dentro da juventude que considera situações juvenis distintas, muitas(os) pesquisadoras(es) passam a utilizar *juventudes* para dar conta das diversas possibilidades de existência.

diferenças de possibilidades, como o acesso à educação, entre jovens. Particularmente ponho em dúvida o significado da moratória como momento de aprendizagem política, pois dá um entendimento de aprendizagem formal e a distancia de possibilidades relacionadas à práxis cotidiana, para além da instituição principal, com a qual jovens que a desfrutam mais ficam envolvidos – a escola. Mesmo assim, é uma realidade para uma grande quantidade de jovens, em especial daqueles de 15 a 17 anos e, como se verá, um espaço central para a convivência e inclusive a aprendizagem política. O central é, em meu entendimento, que gera a possibilidade de formas específicas de aprendizagem política. Assim, ignorar que há, de fato, expectativas comportamentais atribuídas à juventude como fase da vida e que lhes são, via de regra, impostas por diferenças de poder baseadas em diferenças de geração, gênero, raça etc. é contraproducente em termos analíticos, dado ser um fenômeno observável em parte significativa da população jovem, se assim compreendermos a possibilidade de realizar o ensino médio sem ter de sustentar ou ajudar no sustento de sua família, característica que é observada em um contingente significativo de jovens do país.

Dados da Pesquisa Nacional por Amostra de Domicílios (PNAD) de 2022 informam que 18% de jovens com idade de 14 a 29 anos tiveram que abandonar os estudos, sendo a principal razão a necessidade de trabalhar. No entanto, no mesmo ano, 92,2% dos jovens com idade de 15 a 17 anos frequentavam a escola, reduzindo-se para 30,24% entre aqueles de 18 a 24 anos[30]. Compreendendo os jovens que participaram da presente pesquisa, 65,4% declararam somente estudar, 12,12% estudar e fazer estágio, 11,7% estudar e trabalhar regularmente e 10,7% estudar e fazer bicos.

Resulta que é central observar tais fenômenos a partir dos(as) jovens enquanto protagonistas, ou mais especificamente produtores de significados, compreendendo suas interpretações sem ignorar, contudo, os limites de suas experiências em termos estruturais e históricos, os limites da agência relacionados às diferenças – nesse caso, prioritariamente de classe e ou do acesso a programas sociais – e, portanto, da forma como o Estado é gerido – se francamente neoliberal, as possibilidades de acesso à educação, por exemplo, são drasticamente reduzidas e assim a moratória social ficará restrita a estratos de classe mais alta.

---

[30] Informativo PNAD 2022 - educação. Disponível em: https://biblioteca.ibge.gov.br/visualizacao/livros/liv102002_informativo.pdf. Acesso em: 23 maio 2024.

Tais possibilidades, atribuições ou responsabilidades são informadas nesta pesquisa pelos(as) próprios(as) jovens entrevistados(as). É possível ver como são vivenciadas de forma diversa as responsabilidades com a educação, com o trabalho e as possibilidades de lazer, de sociabilidade, de uso do "tempo da juventude", relacionado implicitamente à noção de moratória social, que não é disponível à totalidade da juventude, e que pode ser percebida como fruição sem responsabilidades imediatas ou pressão na definição do que será feito após o ensino médio. Essa possibilidade está presente a uma parcela significativa dos(as) entrevistados(as), em especial pelo recorte escolhido para a pesquisa – estudantes do ensino médio, que em 2019, ano de referência da pesquisa, compreendiam 69,2%[31] dos jovens com idade entre 15 e 17 anos (a média de idade dos jovens que participaram na pesquisa é de 16,7 anos) no Rio Grande do Sul. São as experiências dessas pessoas o foco da análise, considerando o que elas próprias compreendem como moratória social, um dos temas da pesquisa.

Por moratória social, portanto, compreende-se como período disponível à juventude de "adiamento dos deveres e direitos da produção, reprodução e participação, um tempo socialmente legitimado para a dedicação exclusiva à formação para o exercício futuro dessas dimensões da cidadania" (Abramo, 2008, p. 41). Na definição da autora há, ao invés da noção funcionalista, uma perspectiva de constituição de um *éthos* democrático e crítico. Essa possibilidade será maior ou menor de acordo com a sociedade que observamos. Será mais restrita, e assim disponível aos estratos mais elitizados da sociedade, se não houver políticas públicas que possibilitem que crianças e jovens tenham acesso à educação, sendo a escola uma das principais agências de socialização desses períodos de vida, juntamente com a família, pares e mídias. Mesmo considerando essas outras agências, a escola é um ambiente central para o processo de socialização e razão pela qual é um dos temas abordados na pesquisa.

Diferentemente do que tende a ocorrer na família, dado ser um círculo de socialização mais restrito, na escola as crianças e jovens entram em contato com uma diversidade de pessoas, ampliando o processo de socialização num sentido potencial de compreensão da diversidade e da experiência em coletividade, razão pela qual o processo de educação escolar é fundamental no processo de socialização, incluindo aí a socialização política, considera-

---

[31] Disponível em: https://www.moderna.com.br/anuario-educacao-basica/2020/ensino-medio.html. Acesso em: 23 maio 2024.

ção feita por Mannheim no contexto da Segunda Guerra Mundial (1961). À época, Mannheim estava na Inglaterra e fez uma série de palestras buscando construir o que denominou como *democracia militante*[32]. Em síntese, buscava uma alternativa ao liberalismo e a projetos autoritários, apresentando o que seria posteriormente compreendido como terceira via (Lowy, 2013). Nesse projeto via a juventude como um ator coletivo fundamental para a manutenção e criação de um projeto democrático em recortes liberais, não no sentido econômico, mas democrático.

Atualmente contamos no país com políticas públicas que possibilitam a permanência de crianças e jovens na escola, como o Bolsa Família, Prouni ou bolsas de permanência nas universidades públicas, o que diminui as desigualdades, mas está longe de eliminá-las. É possível constatar tais diferenças a partir da fala dos(as) entrevistados sobre suas interpretações dessa fase da vida, a partir da pergunta: *Como é ser jovem?* Buscou-se quais os sentidos atribuídos e principais orientações, sendo o entendimento de *aprendizagens* e *descobertas* sobre si e sobre a sociedade e, a posteriori, como se localizar nela, "achar o seu lugar", um elemento importante nas narrativas.

> *Carla: Ah! O que é ser jovem? Não sei, quando eu penso nisso, eu penso muito em querer ter liberdade, sabe? Mas, como eu expliquei os meus pais, eles eram, eles são ainda um pouco protetores, assim, então eu não tinha, não tenho grandes vivências fora de casa, assim. Mas, eu associo muito a juventude aos meus amigos, a minha vida escolar que agora acabou e, não sei, acho que um mar de oportunidades, a gente só precisa receber elas e agarrar, assim. Eu vejo assim, eu acho que é, é um período de autoconhecimento em que muitas vezes a gente sente perdido e sem saber muito como a gente é, mas conforme o tempo vai passando a gente vai se entendendo e, é isso, assim. A gente vai se construindo @(.)@*

Esse processo de aprendizagem é acompanhado também da percepção de mudanças pelas quais essas(es) jovens passam.

---

[32] Existem análises que identificam essa fase do autor como funcionalista, o que é um equívoco, pois simplifica o sujeito e o contexto. Mannheim foi um sociólogo que buscou no período de guerra saídas, a partir da sociologia, dos riscos que via nos modelos autoritários de então. Em suas análises não desconsiderou os processos dinâmicos, conflitos de diversas ordens que ocorrem na sociedade e a não naturalização de papéis sociais. Havia sim uma preocupação com a "função" da juventude, por exemplo, mas enquanto projeto político explícito. Podemos atribuir outros equívocos, como a adoção da teoria da ferradura para descrição do comunismo e fascismo ou a ignorância a respeito da grande fome na Índia, de responsabilidade de Winston Churchill, assim como uma visão romântica a respeito da democracia liberal, mas simplificar a sua contribuição como obra funcionalista é anacrônico.

> *Joana: Ahnn, é, tipo, uma- muita mudança assim, ahn, parece, é, tu aprende cada vez coisa mais nova cada vez que tu, que eu, tipo, quando eu tinha 13, mudo pra 14 daí cada vez aparece coisas novas pra aprender e daí, é bom ser jovem, eu acho que quando tu é jovem tu aprende bastante coisa.*

É intrínseca à noção de aprendizagens a compreensão de mudanças de si e de transição, compreendendo muitas vezes esse período como preparação para adquirir gradualmente mais responsabilidades, significando isso como aquelas compreendidas como pertencentes ao mundo adulto, em especial o trabalho. É presente de forma ateórica entre alguns jovens o entendimento funcionalista desta fase de suas vidas. É vista, muitas vezes, também, como um processo de autorresponsabilização gradual.

> *Marcos: Ah é começar a sentir um pouco mais de responsabilidade, ver o peso que as coisas têm, tomar noção de como é a realidade de verdade e ir aprendendo. É um momento de aprender, momento de descobrir quem realmente eu sou e o que eu quero pra minha juventude, é uma coisa... Um tempo muito curto, eu acho, né?*

Nessa orientação de autoconstrução transicional e preparação para um mundo adulto é interessante também a compreensão ou consciência teorizada sobre esse processo, de "ver a realidade de verdade". Muitos(as) entrevistados têm uma noção de que esse tempo da juventude é, necessariamente, para aqueles(as) que têm essa possibilidade de autoconstrução e preparação, experimentação.

> *Airton: ...eu acho que ser jovem hoje, eu sempre tive a visão de que a infância, não a infância assim, mas a partir do momento em que a gente se considera assim, que a gente consegue ter a noção de que a gente tá aprendendo, assim, que a gente tem noção da nossa própria existência como construção pra algo pro amanhã, assim, ahn, eu me considerei assim, jovem, sabe? E aí a partir desse momento eu comecei a pensar nas coisas que eu fazia porque eu entendia que eu tava fazendo eu tava construindo um adulto, sabe? Então, ser jovem é uma eterna construção, assim, só que acho que a gente sempre é jovem porque a gente tá sempre aprendendo nesse, nesse processo assim da vida, sabe? Mas, eu sempre tive isso, assim, de estou construindo o Airton adulto, então, sabe? Então eu acho que ser jovem é aprender, errar muito, é descobrir muitas coisas novas, assim, e é experimentar.*

Esse período de experimentações, aprendizagens e descobertas é relacionável à compreensão de *contato novo* apresentada por Karl Mannheim

(1986). As experiências que esses jovens têm são referencial para seu entendimento do mundo social e, dado ser uma novidade, podem tomar novos rumos, constituindo novidades, formas diferentes de lidar com situações que para gerações passadas são estranhas. Na fala de uma entrevistada é possível perceber tanto o desafio de lidar com essas situações, que para jovens é algo novo, quanto a forma como adultos encaram o comportamento jovem perante tais situações.

> Isadora: ... as pessoas acham que, algumas pessoas, pelo menos, geralmente adultas assim, parece que elas esquecem como é ser jovem depois que elas viram adultas, sabe? Porque elas ficam nessa questão de: "Ai tudo que tu tem que fazer é estudar, tu não precisa fazer mais nada, tua vida é super fácil, sabe? Não tem problemas, para de bobagem!" só que eles esquecem como as coisas são diferentes quando tu tem 15,16, 17,18 anos, sabe? As coisas são mais intensas e os jovens não têm a mesma visão de mundo assim, a mesma maturidade, não tem assim, não enxergam as coisas da mesma forma que uma pessoa de 30, de 40, de 50 anos, sabe? Coisas que são muito fáceis, muito práticas pra essas pessoas, pra muitos jovens não são porque a gente não descobriu ainda. A vida é feita de experiências e como a gente é muito novo, a gente não passou por muita coisa, a gente não aprendeu muita coisa ainda, então, tem muita coisa que é simplesmente muito difícil, sabe? Porque a gente só não conhece.

Ainda em relação aos adultos, há eventualmente a compreensão de que, além de não ser vista como uma fase importante de aprendizagens, também pode ser desvalorizada em relação às preocupações que se colocam, ou ainda que serão ouvidos, dado ser uma fase transitória, não adulta e entendida como um período de indecisões.

> Verônica: Ser jovem é saber que qualquer coisa que tu fale pra um adulto, ele sempre vai falar "Mas, jovem não faz nada", o que o jovem faz? O jovem não faz nada. Por mais que a gente tenta, muitas vezes, o jovem não é ouvido, não é levado em consideração porque jovem é indeciso, mas muitas vezes essa indecisão ela já vem com a gente e até mesmo os adultos são indecisos, só que esses estigma do jovem sempre tá pregado porque "Ah, jovem não sabe o que quer, não sabe se quer isso, se quer faculdade, se é aqui, se é hetero, se é gay, se é bi". Então, eu acho que é uma das fases mais que as pessoas tentam passar logo, aquela fase intermediária da vida porque tu não é adulto, mas também não é criança.

Aparece também como um período de ora busca ora pressão por autonomia em relação à família, num sentido de responsabilização individual, novamente num sentido transitório e incerto. Em alguns momentos lhes é demandada uma postura de obediência, mais infantil, e noutros uma postura mais autônoma, adulta. Na fala seguinte há percepção de uma pressão familiar para realizar as decisões sobre o futuro, sobre o trabalho.

> *Fabiano: Então, o que que significa ser jovem? @Pressão psicológica dos pais@ e familiares, é, o desespero @de@ encontrar um emprego pra não ficar só em casa, cair na rotina, parado, é algo que eu penso muito desde o ensino médio. Eu sempre fui um pouco, é, eu sempre pensei muito no que eu ia fazer no meu futuro, né? Ahn, eu sempre pensei que eu precisava sair da escola e já entrar numa faculdade e sei lá, morar sozinho. Só que, cada um temo seu tempo, né? Eu, eu ainda não consegui encontrar o que eu realmente quero fazer, mas eu to correndo atrás, sabe? É, acho que (2) é, acho que é algo que eu preciso aprender comigo mesmo, eu tenho esse pensamento já de que eu preciso relaxar um pouco e pensar no futuro com mais calma, sabe?*

Noutra situação essa autonomia é buscada, mas relacionando-se também ao mundo do trabalho e da demonstração dessa autonomia a partir da aquisição de bens, por exemplo, como forma de demonstração material de uma construção simbólica.

> *Miguel: O quão é puxado a situação e de fato ela não é fácil assim, ela é uma coisa que tu tem que lutar pra tu conquistar, eu comprei meu telefone, comprei meu computador, tudo com o meu trabalho. Então, se eu não tivesse isso eu não iria conseguir comprar de jeito nenhum. Então, é, por mais que seja uma fase complicada, uma fase cheia de descobertas, de desafios, de tu ter que dar um passo à frente de, às vezes tu ter que dar a cara a tapa sem ter, por exemplo, o apoio dos pais, ahm, por exemplo, a primeira entrevista que eu fiz lá na empresa, não tinha ninguém, não tinha ninguém pra me explicar como funcionava, então tu tinha que, por mais que tu tivesse nervoso, tu tinha que falar. Então, é uma fase muito de descobertas, assim, eu gosto muito dessa palavra porque eu aprendi muita coisa ...*

Essas descobertas também dizem respeito à sociedade e, lembrando novamente as percepções de Mannheim (1986), a constituição de um sentimento de alteridade mais abrangente, a percepção das questões sociais da época, o que não significa necessariamente a separação de questões que afetam diretamente esses jovens daquelas que não os afetam diretamente.

> Joana: Uhum, ahm, eu acho que nessa fase, na verdade, eu, é uma fase que a gente usa bastante pra aprender, mas isso não só aprender didaticamente coisas na escola, mas também outras coisas externas, mais envolvido em outras comunidades assim como problemas do, da nossa sociedade em geral, eu acho nessa época a gente se torna mais alerta dos problemas que realmente tão acontecendo na nossa volta. E também a gente descobre mais sobre nós mesmo, o que a gente gosta, o que a gente quer fazer na faculdade, o que a gente gostaria de estudar.

As descobertas das questões do dia podem se apresentar e ser avaliadas de forma contemplativa ou já num sentido de participação, de envolvimento e de se colocar no mundo, novamente, de forma autônoma, ampliando a percepção dos problemas circundantes, das "coisas externas", dos problemas de seu tempo.

> Kelly: É uma pergunta difícil na verdade, eu acho que passa muita coisa na cabeça, né? É uma fase de insegurança, é uma fase que a gente está aprendendo, ou seja, são muitas descobertas chocantes da nossa vida, né? Tipo, descobrir como o Governo está atualmente, de sair militando nos lugares, de ir pra manifestação e jogar na nossa cara "olha, esse mundo aqui vocês tem que melhorar". Eu acho que é essa visão da juventude, sabe? Tu vim daquela fase quase alienado da realidade e te jogaram no teu colo um monte de coisas, eu acho que por isso tantos jovens acabam, por assim dizer, surtando né? Porque é muita coisas pra processar num tempo mínimo e daqui a pouco tu sabe que tu vai tá naquela realidade, solto naquela realidade que tu já tá, só que tu tem aquela proteção dos pais, da casa, do lar e tu sabe que daqui a pouco tu vai ter que ir pra aquele mundo e tu que vai ter que solucionar aquele mundo. Pelo menos é assim que eu vejo, é tipo, um peso do que, a carga de responsabilidade que nós vamos ter. Nós temos, na verdade.

Essa apreensão das questões do dia e da necessidade de seu envolvimento num sentido ativista apareceu na pesquisa naquelas(es) entrevistadas(os) identificadas(os) ideologicamente à esquerda, o que foi percebido tanto pelo perfil quanto pelas questões apontadas[33], o que não significa que a política é ignorada por outros perfis ideológicos. Somente não foram colocados como algo inerente à noção de juventude.

Ressalta-se, mesmo com a diversidade com que é compreendida a juventude pelos(as) entrevistados(as), que se trata de uma fase em que se

---

[33] Esse tópico será desenvolvido no capítulo que trata da política.

apresentam possibilidades de autoconhecimento, variando a forma como isso ocorre, em especial no que diz respeito às experiências possíveis ou disponíveis. Compreenda-se esse período da vida e suas experiências como moratória social ou outro nome, para evitar eventuais más interpretações como significando uma leitura funcionalista, muitos(as) jovens dão um sentido de tempo específico a esse período da vida, singular às oportunidades abertas a essa faixa etária, compreendida como juventude. Não é, como se vê, homogênea. Há aqueles(as) que trazem um entendimento de abertura de maiores liberdades, disponíveis, via de regra, para o planejamento do futuro.

> *Melissa: Essa fase da vida, eu acho que é uma das mais marcantes, assim, muita, muita questão de dúvidas, às vezes, né? "Ai, o que eu vou fazer?" no futuro e tudo mais, mas ao mesmo tempo, é tentar aproveitar essa época, sabe? Se descobrir, aproveitar com teus amigos, eu acho que é realmente isso.*

Outro marcador importante é a diferenciação do mundo adulto e suas responsabilidades específicas, o que confere a percepção dessa margem de liberdade, mas também da possibilidade de fim dessas possibilidades.

> *Sara: Eu acho que juventude é sobre crescer, mas também, tipo, crescer com uma certa liberdade, sabe? Porque às vezes quando, no caso, eu não sei dizer, né? Porque eu não me considero adulta ainda, eu acho, eu me considero jovem e ponto @(2)@. Porque eu não tenho responsabilidades que uma adulta formada com carreira e emprego teria, no caso, que, mas eu acho que uma mentalidade jovem porque eu acho que, sei lá, uma pessoa de cinquenta anos pode ser jovem porque é em questão de mentalidade, como tu vê as coisas, assim. É sobre esse crescimento dentro de uma liberdade que tu pode ir atrás dele sem problema e que tu recebe ele, ahn, sem (2) como é que eu vou falar? Sem pressão, assim, sabe? Então, eu acho que é muito sobre se sentir livre pra fazer o que tu quiser assim-*

É interessante a distinção que a entrevistada faz: ser jovem como possibilidade de liberdade, de crescimento e de percepção das coisas e ter mentalidade de jovem, o que é aberto a pessoas adultas, salvo que essas têm responsabilidades próprias a essa fase da vida. Uma juventude plena seria, portanto, a possibilidade de em determinada fase da vida, que pressupõe determinada faixa etária sem responsabilidades adultas e de apreensão pela primeira vez da realidade social, ver as coisas como novidade. Novamente, isso é somente uma das possibilidades de ser jovem. Há aqueles(as) que integram as diferenças de situação juvenil, em especial as necessidades econômicas e, portanto, aquelas responsabilidades que são percebidas por muitos(as) dos(as) entrevistados(as) como próprias da vida adulta.

> *Letícia: É, por exemplo, assim, eu não digo no meu caso porque pra mim é mais tranquilo, mas eu vejo muitos amigos que tem que escolher entre estudar e trabalhar pra, é, conseguir, por exemplo, ajudar em casa. Tem uma amiga minha que estuda na mesma escola que eu e ela estudou pra passar na prova lá, que tem a prova pra passar e tal, e agora ela tá tendo que, de repente, ela acha que vai ter que desistir pra trabalhar manhã e tarde porque ela tem que ajudar em casa, colocar comida na mesa e tudo mais.*

A necessidade do trabalho, de auxiliar em casa, passa assim a se sobrepor àquelas possibilidades abertas aos jovens que não têm essa urgência, complexificando a noção de juventude como distante de responsabilidades econômicas.

> *Fernando: Ah, a minha preocupação sempre foi, no caso, mais é em relação a dinheiro. Foi uma coisa que eu sempre vi que se eu não tivesse aquilo ali, não adiantava que eu não, não, se eu não tivesse aquilo eu não ia ter nada pra comer e tudo mais. Minha preocupação sempre foi essa e a minha mãe por mais que ela não[me] aceite, por mais difícil que ela seja, é uma pessoa que eu me importo muito. Então, a minha preocupação sempre foi essa, a minha juventude inteira sempre foi essa.*

Esse jovem, um rapaz trans que passa por problemas de relacionamento com sua família, pois são evangélicos que não o aceitam, dá centralidade ao sustento de sua família, em especial de sua mãe. Para esse jovem, o sentido de sua juventude é a necessidade de trabalho, o que não neutralizará, como se verá adiante, outras questões que lhe são caras, como a possibilidade de apresentar sua identidade de gênero. Mesmo assim, para esse jovem não haverá distinção de responsabilidades entre a juventude e a vida adulta no que diz respeito às necessidades econômicas.

Das falas é possível identificar que a possibilidade de fruição desse período como relacionado à maior liberdade em relação a responsabilidades é, necessariamente, dependente da situação de classe e/ou da existência de políticas públicas voltadas à juventude que possibilitem certa independência econômica. Resulta que o sentido atribuído à juventude pode ser compreendido de maior liberdade quando há condições para tal. É central, independentemente dessa noção de liberdade (de responsabilidades adultas), a compreensão de se constituir como fase de descobertas, tanto de si, num sentido de desenvolvimento, quanto da sociedade. Juventude será, portanto, como bem observa Correa, a "fase da vida que o jovem experimenta o tempo como uma dimensão contraditória e significativa na construção da identidade individual" (2011, p. 50-51), a qual está inserida em determinado período sócio-histórico e permeada por uma rede de relações sociais determinadas.

SENTIDOS DO ENSINO MÉDIO

Há um debate fundamental na área da educação sobre os desafios da universalização do ensino médio e da persistência de desigualdades que se reproduzem na qualidade e na oferta, considerando-se o investimento que é feito (Krawczyk, 2014), da necessidade de dar maior protagonismo para os(as) professores(as) no que diz respeito à construção curricular, considerando saberes que vão além de suas formações específicas e dizem respeito ao conhecimento do público atendido, assim como qual deve ser a prioridade dessa fase do ensino: preparação para o mundo do trabalho ou para o ingresso no ensino superior, se é que é necessário dar conta de somente uma dessas alternativas (Weller; Gauche, 2017). Concordo com a compreensão de que o ensino médio precisa ser compreendido como etapa pensada por e para juventude.

Conforme Weller e Gauche, é preciso

> [...] pensar um currículo escolar de uma juventude plena que busca ocupações do seu tempo além do estudo e do trabalho, talvez seja um bom exercício para desenharmos um currículo para o ensino médio (2017, p. 85).

Tal entendimento não exclui a necessidade de se pensar esta etapa como preparatória tanto para o trabalho quanto para o ingresso no ensino superior, mas não se encerra nesses objetivos.

No que diz respeito ao cotidiano, a escola pode ser observada como reguladora e estruturadora de rotinas, de tempos específicos, dos professores, dos estudantes, das rotinas e, como bem observou Pereira (2016), é, ao mesmo tempo, produtora e produto da juventude. Para o autor:

> [...] a partir do momento em que se possibilita a indivíduos de determinada faixa etária o convívio cotidiano, que permitiria articular relações de sociabilidade entre os pares, a escola também passa a sofrer a influência do modo como esses indivíduos se relacionam entre si e com a instituição. Assim, criam-se novas demandas e novos arranjos que vão reconfigurar o espaço escolar e as relações que nele acontecem. Pode-se dizer, portanto, que, se a escola é uma das

responsáveis pela criação da noção de juventude, os jovens também reinventam a escola como lugar de sociabilidade juvenil (Pereira, 2016, p. 115).

São os aspectos relacionados à sociabilidade que chamam a atenção nas falas dos(as) jovens entrevistados(as). A partir da pergunta de *como* foi a experiência no ensino médio, buscou-se compreender os aspectos mais significativos, sendo relevante o entendimento do ensino médio, assim como a juventude, como etapa de transição e preparação para a vida adulta, significando maiores responsabilidades, considerando-se, assim, uma visão mais pragmática. Cabe ao ensino médio o entendimento de espaço que possibilita certa segurança e preparação para a vida adulta enquanto tais responsabilidades não se fazem presentes.

> *Laís: Então, essa questão toda é bizarra assim, e eu acho que dentre todas as adrenalinas que a gente tem na juventude, a maior delas é tu ter que sair do ensino médio e escolher o que tu quer cursar ou o que tu quer ser, essa pra mim é a parte que tu chega e te dá o baque de: "Bah, realmente, eu cresci e agora eu tenho que decidir o que eu quero ser da minha vida", sabe? Então, por experiência própria, essa é parte, a adrenalina mais boa e a mais ruim ao mesmo tempo porque quando tu descobre o que tu quer ser é muito bom, agora quando tu não sabe o que tu quer ser é horrível @(.)@ e é praticamente isso.*

O entendimento de transição não ocorre somente para a fase adulta, mas já na transição do ensino fundamental para o ensino médio. A percepção de etapas, ou situações, pode ser entendida não como algo que serve como preparo para enfrentamento de situações desconhecidas, sendo interessante a visão gradualista de autopercepção.

> *Leonardo: No ensino médio foi algo tipo, algo novo, né? É que chega ali no nono ano do fundamental e a gente fica pensando "bah, o que a gente vai fazer agora? Pra onde a gente vai? Como que a gente vai lidar com essa nova situação de ter que sair de casa, conhecer novas pessoas, viver num ambiente novo?". E tem mais a questão do preparo ali que a partir daquele momento começa a entender o teto do teu futuro e começa a se ver, a se ver como pessoa dentro da sociedade, assim, porque querendo ou não, no ensino fundamental a gente não tem muita ideia do teu crescimento, assim, mas (inaudível) é difícil.*

Essa visão pragmática sobre o ensino médio muitas vezes diz respeito também à noção de que deve preparar o jovem para o ensino superior, muitas vezes como algo dado, ou seja, que não diz respeito a uma decisão desses jovens, mas algo a que devem se adaptar, pensado para eles e não por eles.

> Joana: De ensino médio? Hm, foi, ahm as coisas mudaram bastante quando eu entrei no ensino médio porque eu tive que aprender a lidar com tudo muito diferente, com os estudos mais rigorosos e as expectativas mais altas para as notas e também já começar a pensar o que eu ia querer fazer na faculdade. Então, a minha vida, eu me tornei um pouco ansiosa quando eu entrei.

É também um espaço de construção de novas formas de ver a si e ao mundo, o que ocorre pelas experiências possibilitadas pela participação nesse espaço, sendo importante a noção de abertura à diversidade, ou seja, compreendendo aspectos que dizem respeito àquilo que entendemos como socialização secundária (Berger; Luckmann, 2010), diferentemente do que pode ser interpretado não como um peso do passado sobre o agente, mas da abertura de possibilidades em razão do aumento de possibilidades de sociabilidade que são incorporadas ao estoque de conhecimento (Mannheim, 1982). A escola, e, em especial, o ensino médio e as relações sociais que se estabelecem, abre um novo mundo de possibilidades para esses(as) jovens. Muitas vezes isso se demonstrou a partir da possibilidade de engajamento em projetos ofertados nas escolas, sendo variáveis os sentidos atribuídos.

> Laís: Então, depois no segundo ano do ensino médio, foi um ano que eu me descobri como profissional, como pessoa, como, enfim, como líder. Todo mundo diz que a gente tem que ter uma, uma coordenação, uma liderança muito forte pra entrar no mercado de trabalho e ali eu percebi que eu tinha essa característica, eu fiz a mini empresa e fui eleita pelos próprios colegas como presidente e ganhei destaque da mini empresa, ganhei, ahn, como "melhor funcionária" entre aspas e fiz o meu papel.

A fala de Laís apresenta a possibilidade que teve de testar características que lhe serão demandadas no futuro. É a partir de sua atuação em uma empresa júnior que passa a pensar no que quer fazer no ensino superior, em suas alternativas de trabalho. Percebeu-se também uma noção de mudança de si a partir das experiências na escola, seja pela desinibição demandada na participação em trabalhos, no envolvimento em projetos sociais, ou outras atividades que se apresentavam.

Priscila: Eu gostei muito do ensino médio, eu sou uma pessoa que sou muito engajada em projetos do colégio e voluntariado e sou representante de turma, então, eu sou bem envolvida com as coisas. Foi um, eu gostei muito do ensino médio, eu fui bem feliz eu diria que foi bem melhor do que o ensino fundamental, eu não era a mesma pessoa que eu sou hoje, eu mudei bastante, amadureci bastante.

Há também a escola como um marcador referencial para várias pessoas da família, o que parece ser apresentado como um validador das experiências num sentido conjuntivo, algo compartilhado e esperado.

Isadora: A [escola X] que é o colégio que eu estudei, os meus pais estudaram lá, os meus primos, os meus tios, então, a gente gosta muito de lá e enfim, eu tive ótimas experiências, eu era muito envergonhada antes de entrar lá, eu tinha muita dificuldade de me comunicar, eu tinha dificuldade de fazer trabalhos em grupo, enfim, qualquer interação assim, que exigisse um pouquinho mais, eu ficava muito nervosa e não, sem condições assim, não conseguia. E a [escola X] me ensinou muita coisa, eu aprendi muita coisa lá, se eu não tivesse entrado na [escola X], com certeza, eu seria uma pessoa completamente diferente, sem dúvidas! Completamente.

A escola X, de Porto Alegre, apareceu em diversos momentos como referência positiva em razão das atividades extracurriculares oferecidas, em especial o Sarau Cultural. Esses(as) jovens trazem essa experiência como referência daquilo que lhes oportunizou uma forma de expressão de si, como novidade, de reconhecimento do esforço de professores(as) e gestores da escola que produzem essas atividades de forma voluntária, para além daquelas cotidianas de sala de aula, e que são reconhecidas pelos estudantes, em síntese, como algo que escapa do dia a dia ordinário da escola, fundamentalmente por lhes oportunizar expressar-se de forma autônoma e artística.

Lauro: E aí:- mas de diferentes formas porque lá tem tipo, programinhas de teatro, ahn, tu pode querer apresentar uma música no sarau, por exemplo. Tu pode querer fazer um quadro, essas coisas, e eles estimulam muito isso, entendeu? O pessoal em geral, acho que um pouco mais da parte da, da, dos professores da, de humanas, né? Mas mesmo assim, por exemplo, tem a feira- como é que se fala? A feira de ciências que aí os professores de exatas também estimulam bastante os alunos a ir procurar fazer:: todo tipo de coisa, entendeu? Então, são coisas assim que o colégio em si me despertou um brilho que eu adorei. Adorei mesmo.

Essas experiências podem se apresentar como marcadores que auxiliam na escolha futura desses jovens, não sendo significativas, portanto, somente naquele momento, mas constituindo possibilidades que antes não lhes era visível.

> *Sara: Ahn, (4) deixa eu pensar, na verdade, eu acho que toda a minha trajetória na [escola X] realmente, tipo, me marcou bastante porque eu acho que eu pude, eu realmente me desenvolvi muito, tipo, eu cresci muito, sabe? E, e, mas eu acho que, tipo, ai! Que eu pago muito pau pro sarau e foi a primeira vez que eu pude me apresentar e, hoje eu estudo produção fonográfica.*

As visões positivas sobre o ambiente escolar pressupõem a receptividade e forma como se estabelecem as relações sociais, e para muitos jovens há a necessidade de que se deem de forma a não se constituírem como abruptamente formalizadas. Quero dizer que mesmo que se faça presente a noção daquilo que se espera de determinada atividade, digamos, professor ministrar suas aulas, há uma demanda, um desejo de apoio, de alteridade, em especial para esses processos de transição sentidos por esses jovens.

> *Verônica: Ah, eu acho que, eu acho que na [escola X], que eu fiz todo o meu ensino médio na [escola X], além de ter sido integral porque mudou muito a minha vida, tipo, pode ser uma consequência do integral isso, mas tipo, eu sentia que [escola X] era muito mais família, sabe? Meu irmão me falava isso, tipo, os professores te acolhem bastante e era diferente da relação que eu tinha no meu colégio antigo, no Uruguai. Então, eu senti muito, tipo, me senti muito com bastante carinho, assim, eu era tratada com muito carinho por todos os professores, a diretoria e os alunos. Assim, eu entrei no colégio e, tipo, eu não conversava com outras pessoas das outras séries, sabe? Mas, tipo, eles me acolheram super bem, sabe? Tipo, falaram: "Ah, qualquer coisa a gente tá aqui, não sei o que" e o colégio tem muitas (2) ahn, tem muitas coisas, tipo, diferentes assim que não tinha no meu antigo colégio, tipo, tinha gincana e tu dormia lá no colégio na gincana, tipo, se aproximava muito mais das pessoas, dos professores, alunos, então, eu gostei bastante disso também.*

É, muitas vezes, na escola que se possibilitam espaços de aceitação e diálogo que são ausentes no ambiente familiar, o que não significa a ausência de contradições. Mesmo nesses casos há uma ampliação de horizontes de possibilidades de sociabilidade e de descoberta.

Fernando: Cara, é uma coisa que ela não tem nada a ver com estudo, mas o ensino médio me marcou assim, bastante porque foi, foi uns momentos assim que eu me descobri. Que eu descobri a minha transexualidade, foi um momento muito barra, muito difícil e, é, ah! Foi , foi um momento assim porque eu tava numa aula de teatro e eu simplesmente larguei ali no meio que não era fulana, é Fernando e aí todo mundo- Eu passei tantos anos trancado que aí conforme todo mundo começou a rir e tudo mais, eu saí, no que eu saí de dentro da sala, eu fui na secretaria e eu passei dois períodos chorando, só chorando, de tanto tempo que eu tinha passado trancado, sem chorar, sem entender nada. Então, quando eu finalmente me encontrei, eu acho que eu precisei daquelas risadas ali, eu precisei um pouco daquilo dali também pra botar até mesmo pra fora assim, e os meus professores me acolheram assim, muito, não vou te dizer todos, né? @(.)@ Mas a maioria assim, me apoiou, foi o momento que mais me marcou assim, no ensino médio e também fora que nunca tive tanta proximidade dos guris, mas as gurias me receberam de braços abertos, chegaram em mim e: "É assim mesmo que tu quer ser tratado? Quer ser chamado como Fernando?" e eu "Não, é assim". As gurias me receberam de braços abertos, acho que foi o momento do ensino médio assim, foi o momento que mais me marcou, dentro da escola até.

Considerando as possibilidades abertas de sociabilidade, de possibilidades de atividades extraordinárias, da atenção disponibilizada por professores(as) e, por fim, mudança de si, são os institutos federais que se mostram como espaços escolares que mais oportunizam percepções positivas, tanto daquilo que se desenvolve como experiência positiva presente quanto das possibilidades abertas para o futuro. Há relatos de espanto sobre a diversidade daquilo que pode ser vivenciado.

Hector: Muito bem. Vamos lá, então. Primeiro, uma das experiências que se pode dizer é o modo que as coisas progrediam, o modo que as coisas calavam. Quando tu espera uma aula é só uma aula comum, talvez teórica, talvez uma conversa e lá eu senti uma diferença muito grande, eu não sei se isso, se isso é uma prática geral do ensino médio, muitas rodas de conversas, muitas palestras ou experiências em excesso, tipo apresentações, eu vejo as pessoas colocando muito incentivos naquilo, alunos voluntariamente fazendo (?) o ano foi aberto com a apresentação de uma pequena grupo cultural sem nome, que é como eles chamam, eu acho que cinco alunos e dois coordenadores. Foi logo de cara uma diferença, uma situação, uma experiência diferente, tu vê que a, o patamar é outro, é quase como estar em outro mundo. Tu vê a dedicação, tu vê quase como tivesse

> *já em outro lugar, é quase uma universidade, é difícil parece que eu to elogiando uma coisa sem parar, mas, não sei se tu consegue entender que é algo muito além.*

O estar em outro mundo passa pela diversidade de possibilidades de atividades proporcionadas, pela autonomia que é presenciada pelos(as) estudantes e por oportunidades que não são típicas das escolas estaduais e privadas e que dão um entendimento de *continuum* do ensino médio e ensino superior, por exemplo, na possibilidade de atuação em projetos de ensino, pesquisa e extensão.

> *Entrevistador: Teve algum, algum momento que te marcou nesse período do ensino médio?*
>
> *Kelly: Nossa, teve vários (risos). É, recentemente eu apliquei em uma universidade do exterior e eu consegui fazer, ganhar um concurso de verão na Universidade de Cambridge acho que isso é uma das coisas que mais me chocou e também consegui ser pesquisadora desde agora, né? Porque participei, eu sou bolsista do CNPq, então, essas mínimas coisas além das experiências que são proporcionadas pra mim porque eu sou muito privilegiada de poder estudar no Instituto Federal, de poder fazer o Ensino Técnico, de poder pesquisar e ter essa experiência mais próxima da universidade desde agora (inaudível) autonomia. Então, são coisas que me marcam demais.*

É também um momento vivenciado em que as contradições políticas que muitos(as) jovens vivenciam se tornam presentes a partir da possibilidade de realização de diálogo, debates e desmistificações que são reproduzidos a partir da reprodução de um senso comum arraigado na sociedade brasileira com tendências autoritárias (Chauí, 2019). Muitas vezes isso ocorre quando se começa a refletir sobre a própria condição, como a de Marianne, que, numa visão muito crítica de si, percebe a contradição que mantinha de ser contrária às cotas e, ao mesmo tempo, ter ingressado a partir dessa política pública.

> *Marianne: Ahn, eu acho que tem sim, eu acho que eu sou muito grata aos meus professores porque causa que, as minhas professoras, na verdade, por causa que a maioria foram mulheres e foram mulheres incríveis, incríveis! Que elas me marcaram muito positivamente porque, cara, quando eu entrei no Instituto Federal, eu entrei um, desculpe a palavra, mas um lixo de pessoa porque, nossa! Eu era machista, eu era gordofóbica, eu era racista, eu era apoiadora da ditadura militar, eu me lembro até hoje, isso me marcou a minha memória no ensino fundamental, eu dizia que a ditadura militar foi o melhor ano do Brasil! Melhor época do Brasil, eu falei isso no*

> *fundamental e até hoje eu me arrependo de dizer isso. E eu falei na frente da minha professora de história! E ela não me refutou e se eu falasse isso no Instituto Federal eu seria massacrada, tanto pelos professores quanto pelos alunos! Então, foi um divisor de águas na minha vida porque quando eu cheguei no ensino médio, eu não sei se isso é típico do ensino médio ou do Instituto Federal, mas quando eu cheguei lá os meus preconceitos e os meus valores eles, ahn, foram contra os valores dos meus colegas, crenças deles, dos professores. Isso foi me lapidando, me moldando e eu tomei muito tapa na cara dos meus colegas por causa que eu, por exemplo, eu era anticotista @(sendo que eu entrei com cotas!)@ E, a hipocrisia, né? Mas, ahn, aí os meus colegas defendendo super as cotas e tudo mais e aí eu tentando argumentar, mas eles tinham argumentos muito bons que sentiam, ai me faziam eu me sentir um lixo de pessoa e, ai, enfim. De certa forma, foi meio grosseiro? Foi, mas foi necessário, eu acho que a vida é assim mesmo e meus professores eles me lapidaram de uma maneira mais, ahn, como eu posso dizer? Mais respeitosa, né? Obviamente porque meus colegas, a gente tem uma relação diferente, mas meus professores me indagavam a respeito de curiosidades da vida, principalmente nas aulas de filosofia, sociologia e linguagens.*

A jovem é crítica a respeito de suas percepções iniciais, o que se modifica a partir de uma trajetória de embates com colegas e professores que percebe como necessários, pois baseados em preconceitos. Não é um caminho único a constituição dessa percepção específica sobre o político, mas chama atenção a possibilidade aberta para o debate sobre temas diversos na escola. Os caminhos trilhados por muitos jovens para construção de sua visão política hoje em dia são uma interdição implícita, dado haver uma introjeção implícita do discurso de segmentos da extrema direita sobre o processo de socialização política, baseado num imperialismo familista que compreende uma visão funcionalista e hierarquizada sobre o processo de socialização e aprendizagem. Como muitos(as) jovens passam a ter contato com a política na sociabilidade para além do âmbito familiar, o que muitas vezes ocorre na escola, tornou-se senso comum o entendimento da necessidade de interdição do debate e participação política, compreendido num sentido vulgar pela extrema direita. Como entendem o processo de socialização como uma relação de poder hierárquico entre papéis e gerações, tratam jovens como incompetentes e posse de um tipo específico de modelo familiar "tradicional". A noção de "doutrinação" como acusação passa a ser uma constante preocupação por estudantes e professores.

> *Diego: Isso vai desde muita coisa e começa e, detalhe: não foi nem a escola que me influenciou nisso, eu comecei a ver isso antes de ter sociologia na escola, né? Então, não tem nem como dizer que eu fui doutrinado porque eu não tive como ter aula ano passado em sociologia direito, mas a política realmente, eu gostava, eu gosto bastante de política e eu não tenho ideia do porquê...*

Há uma noção equivocada de espaços próprios para a construção política e que hoje no Brasil se legitimaram a partir da atuação de ativistas políticos como os do Escola sem Partido. Como se verá adiante, são variados os momentos e pessoas com quem os jovens passam a ter contato por questões políticas.

PANDEMIA: MUDANÇAS E DESAFIOS[34]

Foi possível perceber como a pandemia produziu e produz mudanças em padrões societais que diferem, levando-se em consideração aspectos como geração, gênero, classe, região, entre outras variáveis pertinentes conforme o caso em foco. Mais especificamente, considerando o enfoque geracional da juventude, é importante também observar que o tipo de gestão estatal e o modelo mercadológico (assim como a sua inter-relação) afetam a sociedade e a juventude. Vimos como o governo de Jair Bolsonaro agiu de modo a impedir o combate à pandemia[35] e que a taxa de desemprego atingiu 14,7% da população e 6 milhões de desalentados no primeiro trimestre de 2021[36], e entre a juventude no ano de 2020 atingiu 31% da população entre 18 e 24 anos[37]. Considerando esses aspectos, cabe a análise de como os jovens enfrentaram a pandemia considerando as diversas esferas sociais (educação, saúde, trabalho etc.), reflexos negativos para os jovens[38].

Um dos elementos centrais das falas foi o que os jovens perceberam de mudanças em suas formas de sociabilidade no período de isolamento social/ Covid-19. Aqui, em razão da necessidade de compreender as formulações (a) teóricas advindas do campo de pesquisa, utiliza-se a formulação de Erving Goffman em interação com a sociologia do conhecimento (Raab, 2019), especialmente pela percepção da alteração de padrões comportamentais expressos em performance cotidiana sobre as interações sociais, abordando necessariamente os tópicos que foram apontados nas entrevistas. A análise tem como cerne a questão inicial elaborada: *Como tem sido o período de pan-*

---

[34] Este capítulo é uma versão reduzida do artigo "Reflexos do isolamento social no período pandêmico para juventude", publicado na *Revista Civitas*, em 2023.

[35] "Pesquisa identifica estratégia do Executivo federal em atrapalhar combate à pandemia". Disponível em: tinyurl. com/54j5ymzu. Acesso em: 23 maio 2024.

[36] Disponível em: https://www.ibge.gov.br/explica/desemprego.php. Acesso em: 23 maio 2024.

[37] Disponível em: https://www.ibge.gov.br/estatisticas/sociais/trabalho/9173-pesquisa-nacional-por-amostra- -de-domicilios-continua-trimestral.html?=&t=series-historicas&utm_source=landing&utm_medium=explica&utm_campaign=desemprego. Acesso em: 23 maio 2024.

[38] Conforme resultados da segunda edição do relatório nacional *Juventude e a pandemia do coronavírus* (CONJUVE). Disponível em: https://tinyurl.com/zc75zdt3. Acesso em: 23 maio 2024.

demia para ti? A partir dessa questão, desenvolvo o texto a partir dos focos narrativos que foram apresentados nas entrevistas.

Foram identificados cinco focos narrativos: autoanálise, adequação ao ensino remoto, rearranjos familiares, mudanças no trabalho e formas de interação. Todos os focos narrativos têm relação com a mudança de padrões de sociabilidade, em especial considerando a necessidade de diálogo on-line mais intenso.

Focos narrativos

A partir da pergunta de abertura, os(as) entrevistados(as) iniciavam suas narrativas com enfoque no que consideravam mais pertinente, enfatizando aspectos sociais de forma avaliativa ou narrativa, cabendo a eles buscar desenvolvê-los. A seguir, apresentam-se esses tópicos detalhadamente.

Autoanálise

Por autoanálise compreenderam-se as passagens em que o(a) entrevistado(a) deteve-se sobre eventuais mudanças pelas quais passou durante a pandemia, preocupações, ocupações e como isso os(as) afetou, sendo comum a expressão de sentimentos (via de regra negativos) em razão do sentimento de solidão e a busca de práticas distintas, de forma a construir uma nova rotina.

Entre os entrevistados que relatam mudanças positivas, é possível perceber questões que tratam de autodesenvolvimento ou busca de reflexão sobre si e reenquadramento de suas experiências, que foi proporcionado pelo afastamento social. O relato a seguir aponta a possibilidade de autor-reflexão e construção de planos:

> *Airton: Bom, ahn, tá sendo um ano bem intenso, assim, eu consegui me focar, assim, não sei, acho que foi um ano que eu consegui parar pra olhar pras minhas coisas e focar nelas, assim, então, no caso, eu estou pro pré-vestibular, então consegui focar bastante nisso, consegui "o que tá me atrapalhando?" olhar pra isso, então foi um momento bem de esmiuçar coisas pessoais, assim, acho que é isso.*

O próximo entrevistado avalia que o afastamento o auxiliou a reavaliar seus relacionamentos, de forma a dar-lhes maior valor. Diz Gustavo: *"Minha relação com a minha família, com os meus amigos que eu, assim, nunca desprezei, nem nada do tipo, mas hoje eu vejo com outros olhos, consigo dar mais valor pra... pra essas coisas".*

O entrevistado demonstra ter alterado sua percepção dos quadros de experiência a partir do isolamento, que o impediu de manter formas de interação que eram comuns. A mudança da rotina parece ser um elemento relevante para a releitura de suas atividades. O entrevistado Lauro relata como o afastamento social e mudança de planos produziu uma ressignificação do período e a construção de um novo projeto:

> *Lauro: Começando a pandemia foi um choque, né? Um choque bem, bem forte. Mas, logo em seguida através de conversas com parentes e etecetera, eu vi que poderia tornar disso algo bom pra mim.*
>
> *Entrevistador: Uhum.*
>
> *Lauro:* Aí, foi aí que então que eu comecei a despertar um lado empreendedor meu, entendeu? Eu criei essa lojinha de doces e tal, online, tudo- assim, a princípio era só pra páscoa, né? Mas daí a gente começou a tocar ficha e tudo e hoje eu tô conseguindo trabalhar em feirinhas com minha namorada e tá sendo muito bom assim. Eu, eu tinha zero expectativa pra esse ano e eu tô me surpreendendo bastante. [...] E a partir daí a gente começou a montar assim, nossa lojinha, online.

Entre os(as) entrevistados(as) que atentaram para aspectos negativos, percebeu-se como fatores determinantes questões financeiras e mudanças nos padrões de sociabilidade, em sentido restritivo, como é possível observar na próxima entrevista:

> *Taís: No começo da pandemia eu fiquei sem internet em casa, sem internet, a gente teve umas dificuldades financeiras, né? Aí com o auxílio deu uma melhoradinha, mas agora também já começou a dificultar novamente, né? E aí começou a ficar um pouco mais complicado de ter acesso a internet, aos conteúdos, e aí né? Ainda bem que não tem aula por enquanto até a gente dar um jeito. Mas, é assim, o dia-a-dia mudou muito, muito, só família. A gente vê só família, não tem contato com as pessoas de fora, não tem a mesma, não é a mesma coisa, faz muito tempo que eu não vou, não saio, não vou no centro, não pego ônibus, não faço nada, só mesmo em casa. Até porque eu tenho problema de asma, né?*

Considerando as entrevistas realizadas, pode-se afirmar que o isolamento social foi impactante para os(as) entrevistados(as) e também para suas famílias, e só não foi mais severo pela existência de programas estatais de transferência de renda. Observa-se ainda a alteração dos quadros de experiência nas famílias, tanto no que diz respeito ao tempo de convivência quanto às formas de sociabilidade. Ainda, a impossibilidade de manter padrões de relacionamento social prévios à pandemia apareceu como tema frequente, como no seguinte trecho de entrevista:

> *Laís: Olha, eu diria que pra mim a parte mais difícil foi a questão da socialização, né? Eu era uma pessoa muito comunicativa, amava sair de casa, ir pra festa, ir jantar numa amiga, enfim, saía de casa todo fim de semana e pra mim é uma válvula de escape, né? Amava, amava, era muito bom pra mim. No momento que eu comecei a ficar em casa com a minha família foi um baque assim, porque eu não tinha uma convivência de tantas horas do dia, até porque eu fugia um pouco, eu quando me incomodava me isolava muito ou saía de casa.*

O aspecto da sociabilidade com os pares aparece como elemento constante na percepção negativa dos jovens em relação ao isolamento. No entanto, é preciso notar a diferença dos dois primeiros relatos para os posteriores no que diz respeito à questão econômica. Nesse sentido, utiliza-se o contraste para percepção da existência de uma moratória geracional restrita. Observe-se o próximo relato:

> *Carla: Ahn, foi bem frustrante nesse sentido pra mim porque no fim eu não consegui ficar com meus amigos e eu acabei ficando bem isolada em casa só com a minha família e eu tive que me virar mesmo porque eu queria passar direto no vestibular, ainda quero, então, eu fiquei muito mais focada nos estudos do que em qualquer outra coisa, o ano inteiro, assim.*

Em síntese, para alguns jovens há condições de aplicar-se nos estudos e nas preocupações com a restrição das possibilidades de sociabilidade porque lhes é garantida uma estrutura familiar e econômica que possibilite tal enquadramento social. Isso é possível dado que suas experiências não requerem, neste momento de suas vidas, preocupação com os seus sustentos econômicos e de sua família, esta não é uma condição verificada em relatos com teor negativo. Não se afirma que tais preocupações sejam antagônicas, apenas que se deve atentar para os marcadores sociais em que o quadro de experiências desses jovens desenrola-se.

Considerando o que pode ser observado nas falas, a ênfase no principal problema se dará conforme as necessidades verificadas imediatamente (ou sua ausência) e, consequentemente, com o envolvimento que é gerado nos quadros de experiência, que ficará mais visível ao tratar-se dos próximos focos narrativos.

Adequação ao ensino remoto

Neste quadro de experiências surgiram relatos sobre a interrupção dos projetos pessoais, quebra de rotinas estabelecidas no ambiente escolar, impossibilidade de manter contato com colegas de forma presencial e dificuldades com o ensino remoto. Na próxima transcrição pode-se observar como o processo de interrupção das aulas foi percebido por parte dos(as) entrevistados(as):

> *Miguel: Esse ano, ele tá sendo um ano, assim, ele começou um pouco perdido, assim, ahn, eu comecei com bastante esperança do que poderia ser o ano e daí nisso começou a pandemia e a gente ficou todo um período sem aulas, né? A gente ficou uns meses sem ter aula e que foi o que eu acabei ficando um pouco decepcionado com a questão, entendo todo o geral, mas fiquei um pouco chateado pelo fato da gente ter perdido seis meses, né? De não ter tido nada, nem um conteúdo e agora a gente ter que acabar tendo que recuperar isso ano que vem.*

A interrupção das atividades escolares no ano de 2020, que, em princípio, em algumas falas apareceu como algo semelhante a "férias", ao prolongar-se, mostrou dificultar a capacidade de adaptação à nova situação e, consequente, o reenquadramento das atividades e manutenção dos processos de interação social que estavam habituados.

> *Glenda: Eu ia me formar esse ano, então, pra mim foi, a gente não teve aula e pra mim foi horrível. E foi bem, bem ruim porque eu não tive a minha rotina, né? Que eu tinha uma rotina eu acordava, tomava meu café, tudo isso daí, eu ficava o dia inteiro na escola e com isso daí eu perdi totalmente a minha rotina, né?*
>
> *Entrevistador: E durante a pandemia-*
>
> *Glenda: Perdi o contato com os colegas também que moram em outras cidades.*

A interrupção das atividades presenciais trouxe duas consequências principais: perda de contato com os pares, gerando em muitos casos sensação de isolamento; e dificuldade com as aulas on-line, não sendo em razão do formato, mas da mudança para esse padrão e de sua exclusividade para realização das atividades escolares. Em relação à perda de contato face a face com os pares, para a maioria das(os) entrevistadas(os) é visto de forma negativa.

A próxima entrevistada fala das dificuldades da separação de atividades que ocorrem no ambiente virtual e suas diferenças em relação às atividades presenciais:

> *Luciana: Então, não to vendo minhas amigas, não to vendo nada e como não tem aquela coisa da sala de aula, a aula termina no horário, começa no horário e daí é 100% matéria assim, e eu pessoalmente acho um pouco pior quando os professores resolvem fazer algum tipo de reflexão no início de, tipo, ahn, motivação, assim, "Ah quem agora no início desse ano já em breve nós vamos voltar pro presencial e tal, voltar tudo ao normal" quando é uma coisa que não tem muita previsão de melhora até um tempo considerável, assim. Então, agora tem sido bem estressante, inclusive eu tava falando com as minhas amigas hoje mais cedo questão de trabalhos assim, de a gente ter que fazer online que tem uns professores que se puxam pra fazer uns trabalhos exigentes, assim, e que acaba sendo muito estressante tudo no mesmo ambiente, né?*

Há algo como uma compartimentação das experiências sociais, que ocorriam de modo conjunto nas atividades presenciais, tornando a forma de interação mais limitada a determinados aspectos, em especial as atividades escolares, que passam a ser, conforme as falas, mais exigentes, cansativas etc. Percebe-se que, além da noção de maior intensidade das tarefas, há outros problemas observados nas atividades à distância, conforme segue:

> *Leonardo:* Tá. Foi, foi difícil porque a gente não teve contato direto com as pessoas e daí é uma, é uma relação diferente porque, até mesmo nas aulas, que foi onde eu tive mais contato com pessoas, né? A gente ouvia a voz da pessoa ou a mensagem que ela mandou, né? Texto. Só que a gente não conseguia ver o rosto, então a gente não sabia em que sentido a pessoa tava falando aquilo.
>
> *Entrevistador: Uhum.*
>
> *Leonardo: A gente não conseguia compreender muito bem a mensagem que ela tava passando. E por mais que não pareça isso é, isso faz, o rosto da pessoa faz... tem grande importância na mensagem que ela tá passando.*

Nessa fala, verifica-se a importância da construção cênica e indexical da produção da mensagem. Mesmo quando há a possibilidade de comunicação virtual com câmeras ligadas, muitas falas foram no sentido de perceber a diferença decorrente da não presença imediata. Ademais, é preciso verificar como a mudança de padrões interacionais afeta o relacionamento educacional. Há, em primeiro lugar, questões objetivas de conexão da internet, o que faz com que muitas vezes tenha-se que desligar as câmeras, ou reduzir o número de atividades síncronas. Depois, há que se considerar que muitos(as) estudantes podem não ter a possibilidade de montar um quadro cênico para o acompanhamento das atividades, razão pela qual permanecem com as câmeras desligadas. Por fim, não havendo respaldo visual, cênico e indexical, o(a) professor(a), ao falar com telas negras, terá maiores dificuldades em avaliar como sua mensagem está sendo recebida (ou se não está sendo recebida).

Rearranjos familiares

Já foi possível perceber, em especial no tópico autoanálise, como a família é representada pelos estudantes. São três tópicos que constituem este foco narrativo: preocupação financeira ou saúde durante a pandemia, aumento do tempo de convivência junto aos familiares e suas consequências, incluindo a percepção da mudança de papel. O primeiro trecho de entrevista deste tópico pondera sobre a situação de sua família em comparação com o quadro geral durante a pandemia. Isadora comenta: "É, foi bem complicado, mas pelo menos não faltou nada assim, meus pais continuaram trabalhando e tudo, teve gente que perdeu o emprego, né? Que, enfim, pelo menos eu continuei tendo o que comer e tudo assim". Nessa fala, Isadora demonstra sua percepção sobre o atual momento, considerando sua situação em contraste com um contexto mais amplo, constituindo a alteridade um exercício mais difícil quando a situação próxima não permite imediata comparação, como no caso do relato de Maria.

Considerando-se a alteração dos padrões interacionais, dado o isolamento, é possível notar como os(as) entrevistados percebem a relação com suas famílias, que, em princípio, poderia ser compreendido como dado um contato de maior intimidade, parece, a partir de algumas falas, revelar o estranhamento com esses sujeitos:

> **Verônica:** ... foi bem difícil essa questão de não poder sair e ter que ficar o tempo todo em casa mesmo com a família que tu não está acostumado, que tu tem hábito o ver o

tempo todo, todo dia durante meses seguidos. Então, essa parte foi bem difícil também, mas a gente foi levando, né?

Tendo como referência a entrevista de Verônica, tal estranhamento pode ser interpretado pela extensão de tempo que passou a ter a convivência diária, requerendo formas de interação social até então inexistentes, ou mesmo a compreensão do papel, ou fachada, a desempenhar com membros da família. Na próxima entrevista é possível perceber a mudança na relação com seu irmão, considerando o período anterior ao isolamento e a forma que passou a comportar-se em razão dessa nova situação, o que os reaproximou, tanto pela ausência de interações com pares quanto pelo aumento da intensidade da interação no ambiente familiar. Aqui se destaca que, novamente, aparece a compreensão de socialização como algo reservado ao ambiente externo à família:

> *Laís: No momento que eu comecei a ficar em casa com a minha família foi um baque assim, porque eu não tinha uma convivência de tantas horas do dia, até porque eu fugia um pouco, eu quando me incomodava me isolava muito ou saia de casa. Então, pra mim foi assim, bem difícil no início, já não tinha uma relação muito boa com meu irmão também, por questões de ciúmes, enfim, mas eu digo que foi uma experiência muito boa porque eu mudei da água pro vinho com meu irmão, com a minha família, todo conseguimos nos entender, mas, claro, né? Eu sinto muita falta de socializar, de sair, de... enfim, em aglomerar com outras pessoas, sentir o abraço, eu sou uma pessoa que adora abraçar, adora... Enfim, chegar e sentir a pessoa e no momento que eu não pude fazer isso pra mim foi bem difícil assim, mas agora já me adaptei, agora depois de um ano, tá mais tranquilo, eu já me acostumei com a ideia.*

Há na fala da entrevistada uma racionalização em relação a seus sentimentos e da relação com seus familiares que a leva a uma mudança de seus padrões comportamentais a partir do momento que "encara" suas interpretações passadas sobre os integrantes de sua família, que geram uma nova atribuição de fachada a partir do desempenho de atividades educacionais e lúdicas com seu irmão no contexto de isolamento. É possível observar em muitas entrevistas que relações com a família, que eram naturalizadas, num sentido de atribuição já prévia de papéis a desempenhar por cada integrante, foram reavaliadas em razão do isolamento pelo qual esses jovens passaram.

Mudanças no trabalho

Entre os(as) entrevistados(as) é possível perceber o impacto negativo do isolamento na vida deles(as). Na próxima entrevista, pode-se constatar como o aspecto econômico interferiu na vida do entrevistado, sendo seu foco narrativo principal:

> Fernando: Ah, tá muito difícil, muito, muito difícil. Eu acho que tá difícil, tá difícil pra todo mundo, mas já pra quem sempre foi desempregado e tudo mais, antes pelo menos eu tinha uns bicos, tinha algumas coisinhas ali pra fazer, agora em função dessa pandemia nem bico tá surgindo.

De família que depende de auxílio financeiro, o entrevistado Fernando enfatiza as dificuldades resultantes do atual período, e em especial das dificuldades de conseguir qualquer atividade remunerada. Isso o leva a passar maior tempo dentro de casa e, como foi possível observar na entrevista do bloco temático família, quando enfatiza não estar fazendo nada, busca tirar de cena o relacionamento conturbado com familiares. Outra entrevistada traz em sua fala a interrupção de seu projeto de morar sozinha e a necessidade de retornar para a casa dos familiares:

> Giulia: Bom, desde o início da pandemia, na verdade, a minha vida mudou completamente, parece que se passaram cinco anos em um ano de pandemia, ahn, eu me mudei, fui morar sozinha no início da pandemia, antes de estourar tudo, eu saí da casa dos meus pais, decidi morar sozinha, mas depois de oito meses eu tive que voltar pra casa deles porque eu não consegui me manter, perdi o emprego por conta da pandemia e eu tive que voltar pra casa deles, infelizmente (Estudante de escola estadual, branca, 18 anos. Março/2021).

Ambos os relatos apresentam as dificuldades resultantes da pandemia para suas atividades imediatas, devendo ser considerada ainda a fala de Lauro, que narra sua experiência de mudança de perspectiva sobre "empreendedorismo", dando um caráter positivo para uma situação de dificuldades financeiras. Mesmo assim, foi a norma perceber a redução de oportunidades de trabalho para os(as) entrevistados(as) que enfatizaram a questão do trabalho como um tópico de interesse. Ressalta-se que não é uma questão que os atinge exclusivamente, constituindo preocupação para suas famílias em muitos casos, como na fala da próxima entrevistada:

> *Isadora:* É, foi bem complicado, mas pelo menos não faltou nada assim, meus pais continuaram trabalhando e tudo, teve gente que perdeu o emprego, né? Que, enfim, pelo menos eu continuei tendo o que comer e tudo assim (Estudante de escola estadual, branca, 18 anos. Março/2021).

Formas de interação

Neste foco narrativo constatou-se a presença de sentimentos negativos em relação à mudança para o contato on-line e as dificuldades oriundas dessa forma de interação. Muitas falas apontam para interrupção de projetos, seja a mudança de casa ou a realização do vestibular, até a realização da formatura presencial, mas considera-se neste tópico que o problema para esses jovens não é a realização de atividades on-line, mas a necessidade de manter a exclusividade de interações dessa forma, para além do círculo familiar. São jovens que estão habituados às formas de interação on-line, e considera-se possível a construção de quadros de experiência a partir da reconfiguração de rituais performativos, tanto relacionais quanto da construção da fachada (Benito-Montaguat, 2015; Hogan, 2010). É central, antes, a necessidade da adaptação e sentimentos negativos de isolamento, especialmente, como muitos(as) apontam, numa fase em que querem sair, se divertir e "socializar".

> *Carla: Ahn, foi bem frustrante nesse sentido pra mim porque no fim eu não consegui ficar com meus amigos e eu acabei ficando bem isolada em casa só com a minha família e eu tive que me virar mesmo porque eu queria passar direto no vestibular, ainda quero, então, eu fiquei muito mais focada nos estudos do que em qualquer outra coisa, o ano inteiro, assim (Estudante de escola privada, branca, 18 anos. Fevereiro/2021).*

Em alguns casos foi possível buscar de alguma forma a manutenção do contato com amigos(as) utilizando o espaço virtual para tal.

Em relação às atividades escolares, com as quais a maioria dos(as) entrevistados(as) estão ainda envolvidos(as), são apontadas algumas dificuldades: a primeira em relação à rotina (o que já foi mencionado), o aumento das atividades solicitadas e, especialmente, a dificuldade de manter uma interação que facilite o aprendizado. Soma-se a isso, como já mencionado no foco narrativo sobre educação, a ausência de convívio e, em muitos casos, a dificuldade de leitura corporal do outro, que dificultam o processo de aprendizagem. Como é o caso de Leonardo, que comenta sobre as dificuldades de não compreender o sentido do que está sendo falado por não poder ver o rosto da pessoa, somente texto ou voz. Mesma constatação da entrevistada Verônica, que vê diferença entre a educação presencial e a distância justamente pela impossibilidade de manter contato direto. Observa-se, novamente, que parece ser relevante a mudança do padrão interacional e a necessidade de ater-se a determinada forma, no caso a virtual, que chama atenção desses jovens de forma negativa. Ainda, contam as dificuldades de leitura sobre o cenário, não podendo recorrer a recursos que estavam disponíveis nos quadros sociais presenciais, como destaca Sara, a seguir:

> **Sara:** ...então, eu via as pessoas e conversava com pessoas todos os dias por muitas horas e de repente não tem mais isso, sabe? Então, eu tomei muito na cara justamente por do nada não ter isso e ter que correr atrás, assim. E quando tu conversa com as pessoas por aplicativo, esse tipo de coisa que tu não consegue realmente ver como ela tá falando ou o tom de voz, todas essas coisas que precisa, ahn, abre muita porta pra falta de, não uma falta de comunicação, mas uma interpretação diferente do que a realmente a pessoa quer dizer. Então, isso eu senti bastante, no caso foi basicamente nisso que eu tomei na cara assim, tipo interpretações diferentes de situações iguais, assim. Então, isso complicou bastante (Estudante de escola estadual, branca, 18 anos. Março/2021).

Em síntese, alteraram-se os padrões comunicacionais, restringin-do-se ou, talvez, mudando a necessidade de leitura de fachada e forma de apresentação, demonstrando o processo de aprendizagem desses jovens, que, de forma explícita, pode ser resumido na próxima fala:

> **Entrevistador:** E outras coisas assim que mudaram pra ti, o que tu acha que mais mudou além da questão do curso e da escola?
>
> **Bianca:** A questão de lidar com as pessoas agora, a comunicação que é diferente, a gente também aprendeu outros modos de se comunicar, ter uma comunicação mais clara também [...].
>
> **Entrevistador:** Sim, quando tu fala comunicação mais clara, tu podia me dar um exemplo pra eu entender o que tu queres dizer?
>
> **Bianca:** Deixa eu tentar, vou tentar te explicar, como assim, a gente tá se comunicando, a gente tá tendo uma comunicação clara, mas ao mesmo tempo a gente não tá, ahn, presencial um na frente do outro se comunicando. Às vezes por mensagem a gente não conseguia se comunicar tão claramente (Estudante de escola estadual, branca, 17 anos. Fevereiro/2021).

Pode-se constatar a diferença de focos narrativos conforme um recorte de classe, o que não exclui o compartilhamento de preocupações entre os(as) jovens entrevistados(as), mas sim a importância de cada tema abordado. Em algumas entrevistas foi possível verificar como a pandemia dificultou a situação econômica dos jovens e suas famílias, reduzindo suas oportunidades de trabalho e levando a maior dependência da renda de seus familiares. Consequentemente, isso atinge suas possibilidades de sociabilidade e educação. Para aqueles(as) que não tinham preocupação com a questão econômica, observou-se maior ênfase narrativa na mudança do padrão de sociabilidade, considerando o distanciamento de seus pares, a interrupção de atividades lúdicas e projetos previamente elaborados. Nesse sentido, é possível afirmar a existência de uma moratória geracional restrita e que, ao não ser acessível à maioria da juventude, reduz a possibilidade da produção de projetos de longo prazo, dada a imanência das preocupações econômicas cotidianas que recaem sobre si. Ademais, tal moratória também possibilita a ênfase com preocupações lúdicas, outra restrição observada nas falas.

Na educação também é possível observar essa diferença. As preocupações em relação à disponibilidade de equipamentos adequados, internet e a construção cênica (seja no quarto, sala ou outro espaço) são uma preocupação presente, majoritariamente entre estudantes do ensino estadual ou entre famílias que passam por dificuldades financeiras durante a pandemia. Isso dificultou o processo de ensino-aprendizagem, pelo problema na comunicação, acúmulo de tarefas, entre outros. De modo geral, a transformação das relações presenciais para virtuais gerou sentimentos negativos, especialmente pela interrupção do contato com colegas e da rotina escolar. Foi possível perceber as dificuldades que envolvem a construção de um reenquadramento social dessa relação, seja pela compartimentação dos processos interacionais, seja pela ausência da possibilidade do quadro comunicacional completo, ficando somente com o textual, ou auditivo. Mesmo nas situações em que há o vídeo junto, é um recorte adaptado de uma relação já rotineira que precisa ser reencenada e, conforme apontado pelas entrevistas, produz, em grande parte, desconforto.

A dúvida que se estabelece é se, a partir das mudanças ocorridas durante a pandemia nos padrões interativos, especialmente no processo educativo, as instituições escolares perceberem a possibilidade de continuar com esse formato de atividade, que alterações nos padrões de sociabilidade e, consequentemente, na interpretação de si por parte desses jovens podem vir a produzir em termos de comportamento público e privado?

A POLÍTICA PARA AS JUVENTUDES: TEMPORALIDADES, POSICIONAMENTOS E POLARIZAÇÃO

A definição geracional ocorre pela identificação de quais são as questões centrais do tempo histórico da juventude, mais especificamente da forma como se apresentam como primeira experiência (*contato fresco*) e, partindo de um pressuposto de Mannheim (1986) e que parece adequado observando-se as falas dos jovens, tornam-se referência do que se constitui como totalidade, como a realidade social de referência. É aquele momento fundante de sua percepção acerca da realidade além daquilo que lhe é familiar e, via de regra, serve como um guia para atuação, posicionamento e identificação de situações que hoje podem ser compreendidas como normais e que outrora não o eram. É por isso que a apreensão dos fenômenos se dá de forma diferente entre pessoas de gerações diferentes, o que é definido como contemporaneidade dos não contemporâneos (Mannheim, 1986). Significa que a identificação geracional tem relação não com características essencializadas, mas com aquelas questões vivenciadas em dado contexto e que passam a servir como referencial de compreensão da realidade e que são atualizados em novos contextos. A diferença é a possibilidade de comparação dessas novas situações com aquela que é compreendida como a *original* na experiência da geração em análise. É esse contato original que servirá como parâmetro da forma de agir, do que é importante e daquilo que é naturalizado como sendo a realidade, constituindo o estoque de conhecimento[39] (Mannheim, 1982; Schutz, 2012) que funda a percepção da realidade social e servirá como uma forma de guia para atuação em outros momentos, incluindo o foco da análise, o político. É preciso então compreender os momentos históricos e seus acontecimentos para que seja possível identificar o surgimento de distintas gerações (e aqui, novamente,

---

[39] A noção de estoque de conhecimento, quando acionada, geralmente remete-se ao entendimento de Alfred Schutz, que o emprega num sentido fenomenológico. Sem ignorar essa compreensão, aqui emprego preferencialmente o entendimento de Mannheim, que também adota essa noção mas a partir do entendimento de que é produzida em dado contexto sócio-histórico, em determinada posição social que abre possibilidades específicas de ação.

destaca-se que será percebido pelas diferenças das referências do contato original e, consequentemente, da *realidade*) que serão compreendidas a partir do entendimento que fazem do período histórico que vivem e que define suas *orientações coletivas*, considerando as diferenças das unidades geracionais.

Assim, em cada momento histórico observamos as gerações a partir daquelas *orientações coletivas* sobre o que é central, aquilo que produz a conexão geracional e quais são os elementos que produzem as divisões, as unidades geracionais, o que se disputa e o que está em disputa. Ainda, para Mannheim, é possível que determinada geração imponha suas orientações para as gerações subsequentes e estas as adotem com suas, o que não acontece necessariamente no todo, mas pode se traduzir em pautas, agentes de referência, entre outros. Também é fundamental para tal análise considerar a capacidade de agência geracional levando em conta, por exemplo, a idade, a raça, o gênero e a classe. Em nossa sociedade as juventudes estão, de modo geral, subordinadas aos adultos, em termos de dependência econômica, na possibilidade de participação política etc. Resulta que é preciso considerar que determinada *orientação coletiva* surja na juventude, demarcando dada geração a partir de sua referência de realidade, o contato original e que essa geração consiga somente na sua fase adulta realizar na prática suas orientações coletivas. Cabe então compreender o contexto em que tais orientações coletivas se produzem, as possibilidades de agência e as situações de sujeição, o que é definido pelas características sócio-históricas de dado país, região, sociedade.

Breve exposição sobre o contexto político brasileiro: identificando a emergência das gerações

Façamos um recorte de uma breve reconstrução da vida política no Brasil dos últimos vinte a vinte cinco anos, um dos seus possíveis caminhos. Tal exercício servirá para simulação das possíveis experiências políticas (e assim o entendimento que pode ter a geração como atualidade) de uma pessoa jovem que participou de alguns momentos do país nos últimos vinte e cinco anos, aproximadamente. Imagine então um jovem que participou de um movimento estudantil no início dos anos 2000 no Brasil e, portanto, experienciou o governo de Fernando Henrique Cardoso, um período de transição e implementação do neoliberalismo no país. Ele viu e viveu o surgimento de movimentos como o Fórum Social Mundial e seu slogan "*Um outro mundo é possível*", e o Partido dos Trabalhadores como oposição e ainda não como gestor do governo federal. Pode ter uma memória de infância dos "caras pintadas", algo que pode ter visto na tv ou que foi comentado por familiares ou na escola. Pode ter tido a impressão, como contato original, de que vivia numa situação em que a esquerda não estava constituída como hegemônica e dominante junto à população. Esse é um possível recorte geracional. Há outros, obviamente. José Falero (2021) narra a rotina de um rapaz que, ao trabalhar em uma obra em um bairro nobre de Porto Alegre, vivia a exploração cotidiana de diversas formas, desde a rejeição de um copo de água até a exigência de uma rotina de trabalho extensa e, em algumas situações, propositalmente perversa aplicada pelo responsável pela obra, a quem denominava *alemão*.

> - Vem cá, tchê, mas em que mundo tu vive? Tu tá morrendo pra carregar esse saco de cimento, é?
>
> Até hoje imitamos aquele alemão nas mais variadas circunstâncias. Eu, por exemplo, tenho ímpetos de imitá-lo quando aparecem os progressistas de meia-tigela, os intelectuais de araque, que não sabem da missa metade, que não fazem a mais vaga ideia do que as pessoas sempre passaram em Porto Alegre e que se surpreendem com o fato de a ascensão fascista dos últimos tempos ter sido amplamente apoiada na capital gaúcha só porque era aqui que aconteciam as cirandas do Fórum Social Mundial.
>
> -Vem cá, tchê, mas em que mundo tu vive? Tu acha que uma cidade vira fascista da noite pro dia, é? (Falero, 2021, p. 21).

A crônica de Falero traz outra perspectiva, de outro ator que participa do recorte geracional no período histórico, que lida cotidianamente com a exploração de classe e raça e entendia perfeitamente como se deu a "ascensão fascista", sem surpresas, em especial por não pertencer à unidade geracional anteriormente descrita. Aqui algumas lições precisam ser tiradas: a - a autoanálise é necessária, distanciando-se do processo analisado e compreendendo a posição social de si e dos sujeitos analisados; para b - enfatizar necessariamente a experiência desses sujeitos, separando da sua, dado que é possível confundir pressupostos próprios com aqueles de quem observa e, nesse processo, inferir que se está realizando a etapa *documentária* da pesquisa, quando de fato se impõe no cenário; e, por fim, c - considerar a existência de outras *orientações coletivas* antes ignoradas pela produção, mesmo que não intencional, de hipóteses. A principal é a consideração a *geração enquanto atualidade*, o que leva ao entendimento de atuação política, que, por sua vez, induz à compreensão do político em modelos, de modo geral, formais – no sentido da organização, partidária, em movimentos sociais etc. –, o que pode ser um equívoco se compreendido como totalidade, e não como recorte.

No trabalho *Minha voz é tudo o que eu tenho* (2011), Wivian Weller acompanhou jovens em Berlim, como migrantes turcos, e em São Paulo jovens negros que participavam de grupos de hip-hop. Na pesquisa foi possível perceber que em alguns grupos, a partir de suas *experiências conjuntivas* (Mannheim, 1982), era possível identificar *orientações coletivas* que eram transmitidas em suas músicas e expunham as situações de discriminação e exclusão. A expressão cultural para esses jovens é a atuação política e "veem o rap como uma forma de articulação e concretização de suas aspirações sociopolíticas e que apresentam uma orientação social-combativa" (Weller, 2011, p. 209). É preciso acompanhar aqueles atores sociais que não se apresentam, necessariamente, como políticos, a partir daquilo que informam em suas práticas sociais, resultado de suas *orientações coletivas*. É preciso considerar, então, ao analisar dada conjuntura, quem são os atores sociais coletivos significativos e a forma como são construídas tais orientações. A seguir trago alguns caminhos que me parecem importantes para entender o atual momento e a construção das unidades geracionais.

No início dos anos 2000 já era possível observar o crescimento das denominações evangélicas, e em especial as neopentecostais. Durante a primeira década deste século a relação com o governo do PT foi amistosa e, em algumas situações, de apoio mútuo, o que passou a mudar em especial a partir de 2014, sendo a votação do Plano Nacional de Educação (PNE) um momento importante, em especial o debate sobre gênero, que se tornou um marcador de combate da extrema direita. Num movimento gradual e constante, as denominações neopentecostais se politizaram à direita, confundindo-se a religião com a política.

Também em meados de 2011 a 2014 surgem os *rolezinhos*, ato dos jovens das periferias de ir em grupos a shopping centers. Tal fenômeno chama atenção, primeiro, por ser compreendido como um problema, seja de pesquisa ou social, denotando seu aspecto político: presença de jovens periféricos num espaço veladamente interditado para eles e a compreensão de que a presença desses jovens seguia uma lógica de exposição consumista e individualista, tratamento analítico que via de regra é dado somente a esses jovens. Sobre o segregacionismo, como observaram Pinheiro e Scalco:

> Uma pesquisa da época mostrou que 80% dos paulistanos desaprovavam os rolezinhos e 72% entendiam que a polícia militar deveria agir para reprimi-los. Cruzando com a análise qualitativa dos comentários das redes sociais, fica evidente que a rejeição da população brasileira ao fenômeno é grande, legitimando a ação violenta da polícia e a postura segregacionista dos estabelecimentos de camadas médias (Pinheiro; Scalco, 2014, p. 2).

O trabalho longitudinal junto a essa juventude da periferia de Porto Alegre realizado pelas pesquisadoras Pinheiro e Scalco (2014; 2018) acompanha, num primeiro momento, essa forma de ocupação espacial e suas significações diversas, entre elas a possibilidade de compreender essas formas de ocupação espacial e de "ostentação" de marcas como uma forma de ressignificação política, forma de inserção social pelo consumo, num contexto de modificação da estratificação socioeconômica do país. Uma das entrevistadas pelas pesquisadoras, Karla fala: *"eles* [os brancos] *terão que me engolir essa negona aqui, empregada doméstica, usando esses óculos Ray-ban no ônibus. Azar dos racistas que acharem que meu óculos é falsificado"* (Machado; Scalco, 2018, p. 5).

Na sequência desse estudo, as pesquisadoras tinham a expectativa de que esses jovens estariam presentes nos movimentos de ocupação das escolas secundaristas, ocorridas no RS em 2016, o que não ocorreu como um todo, percebendo uma divisão de gênero. Um movimento percebido foi o de politização feminina, rejeitando um papel subordinado até então percebido e a presença cada vez maior da autoidentificação e ativismo feminista nas escolas, assim como um protagonismo feminino, em especial nos movimentos de ocupação. Por outro lado, os rapazes, de modo geral, identificavam esse movimento como "coisa de vagabundo", tinham uma visão pejorativa e machista das moças e, já em 2016 e de forma cada vez mais acentuada, adoração pela figura do então deputado Jair Bolsonaro. Alguns dos motivos desse recorte ideológico por parte dos rapazes, segundo as pesquisadoras, é o questionamento de seus papéis masculinos numa visão dominadora, agora crescentemente questionados pelas meninas, e, não menos importante, a situação cotidiana de violência que sofrem, o que os levou a adotar uma das perspectivas do bolsonarismo, o armamentismo e o punitivismo (Machado; Scalco, 2018).

Por outros caminhos se percebe como a política se faz presente para esses jovens e o contexto é fundamental para compreender suas formas de performatividade e que levam à possibilidade de categorização da geração como atualidade, sendo um marcador importante na divisão da visão de mundo o gênero, o que está presente na minha pesquisa por outros caminhos e indica uma conexão geracional. Ainda, não há no estudo das pesquisadoras um recorte único nas visões de mundo, dado que existem outras variáveis para a constituição de unidades geracionais. É interessante notar, no entanto, que elas observaram uma maior rigidez nas definições de homens jovens adultos quando defendiam Bolsonaro, a ponto de as deixar desconfortáveis. Assim, a constituição de caminhos para a geração como atualidade é diversa, mas considero aqui algo que parece ser uma presença que se dá de forma somente gradual e vem a se consolidar no cotidiano do Brasil a partir da metade da segunda década deste século: a definição ideológica de si e dos outros a partir de marcadores diversos e, junto a isso, a polarização política. Antes, no entanto, tal questão não se fazia presente, em especial pela recente redemocratização e a conexão presente da direita com a ditadura militar.

Ainda, existia aquilo que Pierucci (1987) definiu como *direita envergonhada*, dada a proximidade do fim da ditadura militar e, consequentemente, salvo exceções, a autoidentificação discursiva como de centro ou ser contra a distinção esquerda ou direita, entendidas como distinções ultrapassadas, indo numa moda teórica iniciada com o texto de Fukuyama sobre o fim das ideologias em razão da queda do bloco soviético (1992). Noutro espectro ideológico, ainda não identificado ou atuando em conjunto com essa *direita envergonhada,* Carla Rocha (2021) pesquisou o surgimento de *think tanks* liberais (em suas diversas vertentes), os quais eram financiados por organizações como o Atlas Network, desde os anos 1980. Daí surgiram organizações como o Instituto de Estudos Empresariais, a realização do Fórum da Liberdade (realizado desde 1988), e demais organizações que tinham como objetivos principais a difusão do pensamento neoliberal e a organização política de jovens. À época, ainda se mantinham numa atuação discreta, dada a conjuntura nacional de ascensão da esquerda, e tampouco se identificavam seja com a direita tradicional ou com apologistas do golpe militar.

Em síntese, a direita, publicamente, continuou existindo sem declarar-se enquanto tal, atuando no cotidiano e estruturalmente na sociedade brasileira, que continuou a ser dominantemente e hegemonicamente conservadora (Chauí, 2019), negando um copo de água ao operário (Falero, 2021). Também era ainda o princípio do uso da internet como ferramenta de comunicação de massa, com uso ainda restrito e num estágio que era identificado como de potencialidades de democratização da comunicação, em especial como instrumento para os movimentos sociais (Castells, 2013), e que pode ser definido como tecno-otimista. Lula foi eleito presidente em 2002 e o país vive um governo de reformas que propiciam estabilidade econômica, ampliação de programas sociais e a busca da erradicação da miséria, assim como o avanço de pautas relativas aos direitos de minorias. A eleição do PT ocorre numa conjuntura de crise das políticas francamente neoliberais e, seguindo uma tendência ocorrida na Europa nos anos 1990, inaugura-se em 1998, na América Latina, com a eleição de Hugo Chávez na Venezuela, o que veio a denominar-se *onda rosa*, momento em que vários governos autoidentificados como de esquerda são eleitos em diversos países (Silva, 2015). É preciso compreender a não homogeneidade desses governos, seja pelas características nacionais ou pelas formulações e acordos programáticos de cada caso (Oliveira, 2020), havendo, mesmo assim, algumas continuidades, como nota Silva:

> [...] nenhum desses governos caminhou ou caminha na direção de superar o sistema capitalista. Esses governos em grande medida (alguns em quase todas as suas ações, outros em alguns de seus aspectos) adotaram políticas que poderiam ser classificadas como "social-liberais", dada a manutenção de políticas econômicas anteriores pró-mercado e concepções liberais, associadas a crescentes investimentos sociais (em certa medida também voltadas para o consumo no mercado) e defesa das minorias (Silva, 2018, p. 168).

Tais avanços reformistas foram possíveis a partir da construção de concertações com setores conservadores e da direita, mantendo-se os ganhos de setores privilegiados, como o financeiro, aumento de benefícios aos setores evangélicos (por exemplo, a isenção de impostos às igrejas), à crescente bancada evangélica, para ficar em dois exemplos importantes, e que definirão esse período de "reformismo fraco" (Singer, 2012) e entrarão em crise aguda no segundo mandato de Dilma Rousseff (Singer, 2018). Em 2000, segundo o IBGE, 14,6% da população brasileira se declarava evangélica, público dominantemente conservador (Bohn, 2004). Bolsonaro era ainda um desconhecido do "baixo clero". Uma excentricidade regional com apoio de saudosistas da ditadura militar e com suporte da milícia carioca.

De todo modo, nesse período a questão ideológica não era um tema cotidiano, vivendo o que Singer (2021) denomina como período de desativação ideológica oriunda da estabilidade econômica, da produção de um governo de concertação e aplicação do presidencialismo de coalizão e da alta popularidade de Lula, o que auxilia na eleição de Dilma Rousseff. Há uma estabilidade política que dura até aproximadamente 2014, período de reeleição da presidente Dilma e momento em que passa a sofrer maiores ataques da oposição, somando-se uma conjuntura economicamente desfavorável. A crise econômica internacional chega ao país e as taxas de crescimento econômico dos primeiros mandatos de Lula não são observadas, ocorrendo um aumento do desemprego. Soma-se a isso a crise institucional que resulta da contestação do resultado das eleições pelo seu opositor, Aécio Neves (PSDB).

Um ano antes houve uma série de manifestações de massa, o que passou a ser denominado como jornadas de junho. Mesmo não tendo sido os principais atores políticos do início das manifestações, é a partir de 2013 que começa a surgir como ator político influente, em diversas organizações, o que Angela Alonso (2023) identifica como *patriotas*, e que passam a levar às ruas contingente significativo de pessoas vestidas com a camiseta da seleção brasileira, muitas defendendo a ditadura militar, outras a monarquia, outras um liberalismo e quase todos contra o Estado, agora identificado com inchado, ineficiente e um instrumento da esquerda.

Há internacionalmente um movimento de ascensão de governos de direita e extrema direita (Lacerda, 2019; Campos, 2023) que atuam de forma diversa do golpismo tradicional na América Latina, atuando agora via institucional para derrubada de governos progressistas, inaugurando o *neogolpismo*, como o ocorrido com Fernando Lugo em 2012 no Paraguai (Silva, 2018) e quatro anos mais tarde o impeachment de Dilma Rousseff. Na votação do impeachment, o então deputado Jair Bolsonaro defende seu voto citando Ustra, um dos torturadores da presidenta, e encerra com seu slogan para as eleições vindouras "Brasil acima de tudo, Deus acima de todos". Esse não é o único, mas é um marcador importante para identificação da normalização da extrema direita como algo cotidiano (Mudde, 2022), a legitimação da *direita desavergonhada,* dada sua aceitação e ausência de consequências, em especial na carreira política desse sujeito que é ainda hoje o principal expoente desse segmento, pautando suas falas na glorificação do golpe militar e do anticomunismo, o que é igualado ao petismo (Maitino, 2018). Essa normalização constitui uma das orientações coletivas significativas atualmente.

A *direita desavergonhada* passa a ser um ator central da política brasileira, agora mais extremada e identificando tudo aquilo que não lhe parece minimamente nos moldes da família tradicional e cristã, como "comunista". É um movimento que não ocorre da noite para o dia. Aqueles grupos identificados por Camila Rocha (2021) são atores que irão propiciar, a partir das estruturas e redes que constroem desde a década de 1980, organizações de atores e grupos que se tornam referência na direita, como o Movimento Brasil Livre (MBL), o Partido Novo, colunistas como Rodrigo Constantino, além da constituição de grupos em fóruns de Orkut, que desde o início dos anos 2000 celebravam as ideias de Olavo de Carvalho, intelectual que serviu e serve de referência para um contingente significativo de atores da extrema direita, constituindo movimentos diversos mas com pautas comuns, em especial o antipetismo, e unindo setores antes não afins, como os neoliberais, conservadores e reacionários (Lacerda, 2019). Em pesquisa de Weller e Bassalo (2020, p. 399) sobre grupos de jovens conservadores no Facebook, uma das descrições trazia "Somos jovens conservadores e não temos vergonha disso".

Em 2014 inicia-se a Operação Lava Jato, liderada pelo então juiz Sérgio Moro e por um grupo denominado como "república de Curitiba", que age discursivamente contra a corrupção. Soube-se posteriormente, a partir do compartilhamento das conversas telefônicas dos agentes dessa operação (vaza jato), que eles combinavam como agiriam e como passariam informações para a mídia, num processo de criminalização da política e em especial do Partido dos Trabalhadores (PT), culminando na prisão de Lula em 2018 a pedido de Sérgio Moro. Há ainda duas variáveis a se considerar sobre esse período.

A primeira é a religião. Atualmente 30% da população brasileira declara-se evangélica. Havia 17 mil templos evangélicos em 1990, passando para quase 63 mil em 2010 e indo a quase 110 mil em 2019 (Carvalho, 2023). Não há consenso sobre a influência direta da religião no voto conservador, mas é preciso considerar o forte emprego do discurso moralista e cristão do então candidato Jair Bolsonaro e a resposta positiva que o eleitorado evangélico deu para sua eleição em comparação com as outras religiões (IHU, 2018). Há ainda indícios do maior peso das lideranças religiosas na formulação da opinião desse segmento (Ferreira; Fuks, 2018), assim como também estiveram mais expostos à propaganda bolsonarista, em especial pentecostais (Ferreira, 2022), mesmo assim sendo necessário considerar, segundo Ferreira (2022), diferenças dentro desse público, como as de gênero e raça. De todo modo, é preciso observar que o aumento dos templos é uma variável a se considerar. Ainda, os resultados da pesquisa que realizei apontam a influência dessas variáveis: religião evangélica, gênero masculino e raça branca como significativas para determinação da posição ideológica (o que será apresentado adiante). Considere-se também pesquisa realizada por Brum, Lima e Alcântara (2021), que, em busca da identificação de eventuais continuidades ideológicas entre grupos no que diz respeito à rejeição do governo de Dilma e de apoio ao governo de Bolsonaro, identificou uma coerência somente naqueles que se identificavam como evangélicos.

A segunda variável são as mídias sociais. Desde o início dos anos 2000 a internet era utilizada para divulgação de conteúdos políticos, encontro de sujeitos com mesmos posicionamentos e organização de atividades como passeatas, seminários, manifestações etc. Há, no entanto, diferenças a se considerar do uso da internet de então e a de agora. Em 2000 o acesso à internet era de 3% da população, indo a quase 10% em 2002 (Silva, 2015). Em 2019 a internet já estava acessível a 84% dos domicílios, chegando a 90% em 2021 (Nery; Britto, 2022). Há diferenças no acesso, observando-se diferenças de classe e entre urbano e rural. Mesmo assim, é um fenômeno ubíquo. Há exclusão virtual, mas é uma realidade para quase a totalidade da população. É um fenômeno global o uso das mídias sociais para mobilização e constituição de discursos, em especial pela extrema direita. É preciso assim levar em conta "a natureza mutável dos meios de comunicação e das tecnologias de informação, que oferecem aos movimentos novas oportunidades de mobilização e apoio" (Campos, 2023, p. 9), constituindo-se como ferramenta fundamental também para o recrutamento de apoiadores em substituição a estruturas tradicionais, como os partidos políticos (Campos, 2023, p. 10).

Desse breve quadro busquemos identificar possíveis gerações, o que será possível a partir da verificação de *orientações coletivas* e, consequentemente, de *habitus* específicos oriundos da forma que uma conexão geracional interpreta e age numa realidade, identificada a priori por uma conjuntura determinada como fundante de sua experiência social num nível que ultrapassa sua realidade imediata (familiar, colegas, amizades). Isso constitui então o que Mannheim identifica como *geração como atualidade*, e entendo que é cabível que se expanda o entendimento de geração também aos sujeitos de determinadas condições socioeconômicas e culturais de uma época sem que se considere seu envolvimento ativo, o que poderá ser identificado em um nível individual pela sua percepção ou falta desta sobre as questões de seu tempo e seu distanciamento de quaisquer formas de participação política. É, mesmo assim, um sujeito localizado geracionalmente, pois vive em determinado momento, ocupando determinada posição social, e, adotando a noção de apropriação *ateórica* da realidade, princípio da sociologia do conhecimento, não implicará aquela percepção que considero imprecisa de *consciência geracional*, o que implica uma visão determinista da forma de constituição da práxis desses sujeitos. Ademais, é preciso considerar os possíveis limites de agência, como a idade e classe, por exemplo.

Assim, considere-se que um jovem pobre e trabalhador informal adoecido em 1974 dependeria de filantropia para receber atendimento médico. Numa possível unidade geracional poderia clamar pela necessidade de atendimento público e noutra pela bênção de contar com ricos filantropos que lhe assistam. Não estando em nenhuma geração como atualidade poderá estar alheio a tal discussão. Em 2023 esse mesmo jovem, nas mesmas condições, será atendido pelo SUS. Numa unidade geracional poderá reivindicar maiores investimentos à saúde pública e noutra demandará a privatização desses serviços. Aquele que não está engajado na geração como atualidade, também estará alheio a tal discussão. Todos eles dependerão do atendimento médico, mas se portarão de modo diverso sobre as expectativas que têm sobre o mesmo, assim como a forma que atuarão para recebê-lo. Gerações compreendem as diferenças das *orientações coletivas* de cada período histórico e unidades geracionais das diferenças internas a cada geração, como se mobilizarão a respeito das questões de sua época e disputando os significados dentro da conexão geracional. Feita essa breve diferenciação, voltemos ao quadro histórico recente.

O jovem do início dos anos 2000 viveu um momento de crise do modelo neoliberal e início do ciclo da onda rosa. Acompanhou a ascensão do PT ao governo federal, estabilidade econômica e uma mudança da gestão do Estado para o social-liberalismo. Nesse período, à esquerda, surgem organizações críticas à forma de gestão federal e começam a crescer organizações *neossocialistas* (Alonso, 2023), aglutinando maior número de jovens organizados em coletivos e partidos e clamando por pautas pós-materiais – há aqui mais provavelmente um recorte de classe, dado que as demandas pós-materiais são demandadas por quem não requer demandas materiais (provavelmente, mas não necessariamente). Ainda de forma tímida aqueles identificados como liberais mantêm *think tanks* e eventos para divulgação do ideário neoliberal, também observando um recorte de classe, sendo mais provavelmente jovens de estrato das classes médias. Também especialmente na internet, o que foi ignorado por muito tempo, mas se mostrou atualmente como grupo relevante, em fóruns, blogs e grupos de Orkut desenvolvia-se a direita desavergonhada, tendo como inspiração, entre outros, Olavo de Carvalho, mantendo ainda uma relevância marginal.

Em 2013 podemos identificar outro possível corte geracional. Ocorrem as manifestações de massa, denominadas como *jornadas de junho*, iniciadas pelo Movimento Passe Livre (MPL) em demanda pela redução ou gratuidade do transporte público, mas logo desprendendo-se da pauta original, manifestando todas as formas possíveis de insatisfação. A análise de Angela Alonso (2023) é uma das mais interessantes sobre o período, compreendendo 2013 não como início, mas expressão de um movimento que vinha crescendo durante as gestões do PT, compreendendo as manifestações como

> [...] um ciclo de protestos, composto de muitos movimentos, de orientações distintas, agendas próprias (e mesmo opostas), que foram à rua em simultâneo, numa justaposição. Junho foi um mosaico de diferentes A única partilha era de alvo, a contestação às políticas dos governos do PT (Alonso, 2023, p. 11).

Considerando o perfil dos manifestantes, Singer (2013) observa, a partir de pesquisas realizadas em algumas capitais (São Paulo, Rio de Janeiro, Belo Horizonte e "oito capitais" não citadas) durante as manifestações, que a maioria era de jovens até 25 anos e a composição socioeconômica advinda de uma "classe média tradicional" (o que Singer define a partir da renda superior a dez salários mínimos) e posteriormente, de forma progressiva, com a nova classe trabalhadora de jovens que surge durante o ciclo petista e se vê insatisfeita com a estagnação de sua situação econômica. A diversidade de perspectivas destacada por Alonso é perceptível a partir da variedade ideológica levantada por Singer sobre a autoidentificação dos manifestantes a partir de pesquisa do DataFolha realizada em São Paulo, em que 22% identificavam-se como esquerda, 14% como centro-esquerda, 31% como centro, 11% como centro-direita, 10% como direita e 13% não souberam responder (Singer, 2013, p. 38). A pesquisa somente nessa capital não é suficiente para inferir sua generalidade no país, ainda mais compreendendo as diferenças observáveis regionalmente por região.

Não há em 2013 uma dominação ideológica da direita, havendo, ao contrário, muitas propostas progressistas, o que rejeitaria a tese do "ovo da serpente" (Wu, 2023), ou seja, o surgimento público e hegemônico da *direita desavergonhada* nesses atos, dada sua heterogeneidade. Mas estavam lá, talvez em gérmen. Já se viam camisetas da seleção. Quem carregava bandeiras de partidos ou movimentos de esquerda[40] ou de centrais sindicais[41] era constrangido ou agredido. À medida que ocorrem manifestações, torna-se mais presente um rechaço aos partidos, em especial aos de esquerda e gritos de "sem partido" e em muitos locais há divisão em blocos das manifestações de rua. À época, ouvi relato de militante do PCB que participou dos atos de forma organizada no partido e que foi expulso a pedradas da manifestação por pessoas que gritavam contra os partidos de esquerda e pintados de verde amarelo. Compreendo a rejeição em negar a tese do "ovo da serpente", como se 2013 fosse a razão do surgimento da extrema direita. É, no entanto, um equívoco negar sua presença em razão de a maioria das pautas que foram enunciadas terem tom progressista.

Nesse sentido compreendo que 2013 foi, de fato, polifônico, mas também um ensaio para o desavergonhamento da direita, em especial na sua performatividade de perseguição à esquerda. Nesse momento desenvolve-se um crescente ceticismo político, em especial com a esquerda a quem se identifica mais fortemente ou exclusivamente ao PT, tendo como fundo estrutural um ciclo relativamente longo (na visão de um jovem) dos governos recentes. Muitos eram crianças quando surge a onda rosa e o governo petista pode ser percebido, grosso modo, como *status quo* e em processo de desgaste, em especial a partir da operação lava-jato que iniciaria em 2014. É em 2015 que um novo ciclo de protestos surge e organizações francamente de direita e extrema direita tornam-se atores políticos centrais para as mobilizações e normalizam-se discursos de extrema direita, culminando no *impeachment* de Dilma Rousseff em 2016.

Parto da análise de jovens que passam a se ver como agentes políticos, ou ainda, a perceber a política e a se perceberem como seres políticos a partir de 2018, pois são crianças ou muito jovens nos ciclos de 2013 e 2015 (salvo fala de uma das entrevistadas que se remete ao impeachment de Dilma Rousseff). Nesse momento já há uma normalização da extrema direita, que

---

[40] Intolerância a partidos, sindicatos e movimentos sociais mancha ato na Paulista. Disponível em https://www.redebrasilatual.com.br/cidadania/intolerancia-a-partidos-mancha-ato-na-paulista-1873/. Acesso em: 23 maio 2024.

[41] Militantes da CUT são agredidos e expulsos de protesto no Rio de Janeiro Disponível em https://noticias.uol.com.br/cotidiano/ultimas-noticias/2013/06/20/militantes-da-cut-sao-agredidos-e-expulsos-de-protesto-no-rio-de-janeiro.htm. Acesso em: 23 maio 2024.

aqui identifico, partindo da análise de Pierucci (1987; 2013), como *direita desavergonhada*, e, de outro lado, um frequente acanhamento da autoidentificação à esquerda, constituindo uma *esquerda envergonhada*. Tal fenômeno se dá pela normalização da polarização política, que é perniciosa e assimétrica.

A polarização política ocorre quando se constitui em parte da sociedade uma visão de mundo que considera a existência de um dinâmica política de *nós* versus *eles*, o que não produz necessariamente resultados negativos quando é produzida para mobilização de setores da sociedade com objetivos inclusivos (McCoy; Somer, 2019). No entanto, quando tal polarização é produzida por agentes políticos de forma a mobilizar seus apoiadores a partir da demonização do outro, buscando dar a si, exclusivamente, o direito de representar uma coletividade, como uma nação, por exemplo, será perniciosa. Aqui considero pertinente a forma como a ideologia é mobilizada, sempre conforme o sentido restrito descrito por Mannheim (1976). Quando somos "nós" que descrevemos determinada situação, apresentamos a "realidade", quando são "eles" que o fazem, é ideologia, pois é a tentativa de falsear essa realidade, que é nossa e quer ser destruída. Observa-se então que

> [...] a polarização [perniciosa] tem a tendência de se estender do mundo partidário para o domínio das relações sociais cotidianas. Em casos extremos, a identidade política pode tornar-se abrangente [principal, mais significativa para definição de laços sociais] à medida que as pessoas vêem os que estão no "outro" campo com desconfiança, suspeita ou medo, e deixam de interagir com eles - até mesmo segregando-se nos seus bairros, relações sociais e feeds de notícias. com pessoas que pensam como você (McCoy; Somer, 2019, p. 236).

Cabe observar que identidade social aqui é compreendida como algo que constitui o ser social e não uma característica "fluida", produzindo assim formas específicas de relações e ação social. Tal identidade pode ser mobilizada para a atuação política, o que não leva necessariamente à polarização perniciosa. Indígenas mobilizam-se enquanto tais para denunciar o assassinato de seu povo e a invasão de suas terras por garimpo ilegal. É perniciosa, geralmente, quando se mobiliza essa identidade contra os próprios sujeitos, vilanizando-os e pondo-se numa posição de vítima, via de regra quando há percepção de perda da sua posição social prévia, ou ainda, quando percebe que o outro ganha uma posição que via como seu monopólio.

A pesquisa de Vrydagh e Jiménez-Martínez (2021) junto a integrantes do Movimento Brasil Livre (MBL) identificou nas entrevistas uma lógica de vitimização, definindo o período de governo do PT como de perseguição de seus valores conservadores e neoliberais, de conscientização a partir do encontro em espaços virtuais e debate de suas ideias nas comunidades e grupos que formavam câmaras de eco, e sua liberação, considerando as mobilizações a favor do impeachment e sua efetivação em 2016 como marcos de sua ascensão. Esse processo foi produzido na lógica da polarização perniciosa, constituindo-se o "nós", que luta contra a ditadura, a corrupção e contra o Estado instrumentalizado pelo PT, contra "eles", os petistas, significando todos os grupos que se identificam com a esquerda e além, significando qualquer grupo ou sujeitos que não se identifiquem com a forma como é narrado o "nós".

A assimetria na polarização para Somer e McCoy (2019) compreende situações em que "um lado se torna politicamente forte e o outro permanece fragmentado" (p. 257). Penso ser necessário incluir outras variáveis na definição. A primeira requer a crítica à noção de polarização quando não explicitados os agentes. Parece haver uma noção implícita da teoria da ferradura, em que haveria uma similitude entre os extremos da esquerda e da direita, e, ademais, que são esses os principais atores da polarização. Melhor explicando, parece haver uma assunção intrínseca à noção de polarização quando não explicitado a que caso e de que forma se realiza e se que há necessariamente um antagonismo entre duas forças opostas e extremadas, somando-se ao entendimento de que a normalidade é o diálogo entre diversas posições, o que ocorre numa democracia liberal, presente, de forma *ateórica* pelos proponentes das análises, como situação ótima e sinal de uma "democracia sadia".

McCoy e Somer (2019) trazem no seu texto a preocupação com o acirramento em nível internacional da polarização perniciosa. No Brasil há análises que compreendem que a atual situação tem entre uma de suas razões para a polarização o fortalecimento das identidades políticas que são extrapoladas para o cotidiano, o que produz uma "identidade afetiva". O documentário *Um vazio entre nós: como a polarização política e a internet moldaram o debate no Brasil?*[42] (2023) apresenta de forma interessante as divisões políticas no país atualmente. No entanto, algumas das análises tendem a dar como principal razão a adoção de pretensas identidades políticas que, caso fossem descartadas, possibilitariam que as pessoas chegassem a um denominador comum. Mesmo que esta questão esteja presente, está longe

---

[42] https://www.youtube.com/watch?v=REg9G5clDLs

de ser o principal problema da constituição dessas divisões que se apresentam como polarização. Soma-se a isso uma noção restrita do que significa a identidade social.

A identidade é fonte de localização social com base nas experiências e relacionamentos, constituindo o *Eu* (Giddens, 2002), e é construída de forma ateórica, não, portanto, reflexivamente, utilizando-se daquilo existente na história, da memória coletiva, das instituições das quais participa (Castells, 2008). Havendo a constituição de identidades sociais que demandem inclusão, melhorias e construção social num ambiente de concertação, há a polarização num sentido positivo, conforme esboçado por McCoy e Somer (2023). A identidade é elemento inerente às relações sociais, sendo performada em diversos sentidos, inclusive conflitivos e que em si não são um problema, pois se estabelecem numa dinâmica de *reconhecimento* (Honneth, 2021, 2018; Fraser, 2022), inclusive na diferença. Uma das definições possíveis dada por Honneth é de que

> [...] o reconhecimento dos outros como nossos próximos, que se realiza de maneira espontânea e não racional [ateórica], forma um pressuposto necessário para que possamos nos apropriar de valores morais à luz dos quais reconhecemos aqueles outros de um modo determinado, normativo. No que antes descrevi como "preenchimento" do esquema existencial do reconhecimento, imagino que os indivíduos aprendem no processo de sua socialização a internalizar as normas de reconhecimento culturalmente específicas; desse modo, eles enriquecem gradualmente a representação elementar do próximo, que desde cedo lhes é habitualmente disponível, com os valores específicos que são incorporados nos princípios de reconhecimento vigentes em sua sociedade. São tais normas internalizadas que regulam como os sujeitos interagem de maneira legítima uns com os outros nas diferentes esferas de relações sociais: quais expectativas levanto perante o outro, quais deveres tenho de cumprir diante dele, em que tipo de comportamento devo me fiar ao me relacionar com ele - tudo isso resulta, em última instância, da orientação por princípios tornada evidente, os quais estabelecem institucionalmente eu quais aspectos (avaliativos) precisamos nos reconhecer reciprocamente em conformidade com as relações que existem entre nós (Honneth, 2018, p. 203-204).

Então é possível compreender que a identidade é inerente aos processos sociais quando traz consigo a possibilidade de reconhecimento do outro. Agora, quando se modificam determinadas circunstâncias, mudam as normas e não são internalizadas de modo abrangente, por razões variáveis, e mudam as expectativas perante o outro, o que não é aceito, há a possibilidade de que se produza a tentativa de negar a existência do outro a partir de sua *reificação* (Honneth, 2018). Essas razões são variáveis e não cabe procurá-las aqui, mas seu resultado é a polarização perniciosa, que, no limite, pode levar à tentativa de eliminação do(s) outro(s). A base de elaboração do processo de *reificação* por Honneth é significativa, dada sua origem, pois identifico no atual cenário, ao ver o comportamento da extrema direita, uma forma de orientação muito próxima à descrita pelo autor:

> Mas se me pergunto qual era o fenômeno que originalmente despertou meu interesse no tema da reificação, então tenho de responder que foi a dificuldade de interpretar o genocídio "industrial". Até hoje é difícil compreender como homens jovens puderam, aparentemente sem sentimento algum, matar centenas de crianças e mulheres judias com um tiro na nuca; e elementos dessa prática horripilante são reencontrados em todos os genocídios que marcaram o final do século XX (Honneth, 2018, p. 211-212).

São os processos de não reconhecimento então que produzem a polarização perniciosa e são assimétricos, pois um lado pode demandar reconhecimento e o outro a reificação desses sujeitos. Nunes e Trauman (2023) definem essa divisão como um abismo que não se extingue na eleição, gerando uma *calcificação* da polarização. Tanto o documentário quanto o livro chamam atenção para um dos veículos que possibilitam a constituição dessa divisão: as mídias sociais, em especial considerando-se a constituição das câmaras de eco, fechamento em grupos de confirmação das opiniões internas ao grupo e a propagação de desinformação, havendo um protagonismo da extrema direita nesse processo, tanto no Brasil quanto no mundo. Daqui infiro que a polarização não ocorre entre forças diametralmente opostas.

Constitui-se no Brasil recente um conjunto de forças na extrema direita que flerta ou é francamente fascista, propõe, e tenta, um golpe institucional, desejando o retorno da ditadura militar e frequentemente sugere ferir[43] ou matar[44]seus adversários de forma continuada. Outro exemplo mais

---

[43] Pastor Anderson Silva: ao lado de Nikolas Ferreira, pastor pede oração para Deus quebrar a mandíbula de Lula. Link: https://jc.ne10.uol.com.br/colunas/jamildo/2023/06/15525413-pastor-anderson-silva-ao-lado-de--nikolas-ferreira-pastor-pede-oracao-para-deus-quebrar-mandibula-de-lula-assista.html. Acesso em: 23 maio 2024.

[44] Bolsonaristas em grupo pró-golpe sugerem "vaquinha para matar Lula com tiro". Link: https://revistaforum.com.br/politica/2022/11/1/bolsonaristas-em-grupo-pro-golpe-sugerem-vaquinha-para-matar-lula-com--tiro-125867.html. Acesso em: 23 maio 2024.

estrutural: por mais de dois meses em 2022, após o resultado das eleições para a presidência, ocorreram acampamentos de bolsonaristas em frente aos quartéis de todo país, rejeitando o resultado das eleições e solicitando o apoio das Forças Armadas, significando necessariamente um golpe militar e culminando na intentona fascista de oito de janeiro em Brasília.

O documentário *8/1: A democracia resiste* (2024) apresenta de forma muito didática e com riqueza de detalhes a cronologia da tentativa do golpe e os atores envolvidos, considerando o apoio ativo de generais que impediram a prisão dos golpistas no acampamento em frente ao quartel em Brasília. Agora, imagine-se o contrário. Quantos dias durariam acampamentos de pessoas que reivindicassem uma ditadura do proletariado em frente aos quartéis. Além de esdrúxula, a imagem é impossível no país. Em 1964 João Goulart foi deposto por anunciar reformas de base, como a reforma agrária, realizada em países europeus no século XIX (Almeida; Sardagna, 2002).

Em síntese, de forma crescente e continuada se estabeleceu no país uma situação de crescente polarização perniciosa e assimétrica, o que se verifica num ambiente de exposição e manifestações sem constrangimentos de uma *direita desavergonhada*, liderada pelo então presidente Jair Bolsonaro, ele próprio sendo um dos perpetuadores de uma performatividade agressiva, como a sugestão de *"fuzilar a petralhada"*[45], discurso normalizado como fazendo parte da liberdade de expressão inclusive por alguns cientistas políticos, sintoma, em meu entendimento, daquilo que Mudde compreende como normalização da extrema direita.

A pesquisa de Nunes e Trauman (2023) em 2022 demonstra que eleitores de Lula, quanto estavam junto a eleitores de Bolsonaro em testes de pesquisa focal, mantinham-se de forma discreta ou reprimindo suas opiniões, o que não acontecia com os eleitores deste último. Em pesquisa quantitativa em outubro do mesmo ano (eleição para presidência), questionou-se se os eleitores percebiam estar mais tranquilos para manifestar publicamente o voto. Apenas 20% manifestaram estar dispostos a manifestar sua opinião. Trinta e dois por cento dos eleitores responderam achar que estava mais tranquilo. Desses, 95% eram eleitores de Bolsonaro. Cinquenta e sete por cento responderam achar que estava mais perigoso. Nesse grupo, 81% eram eleitores de Lula (Nunes; Trauman, 2023, p. 116-117). É esse o contexto dos jovens com quem fiz a pesquisa, considerando ainda que o estudo se

---

[45] Em 2018, Bolsonaro defendeu "fuzilar a petralhada". Link: https://veja.abril.com.br/coluna/radar/em-2018-bolsonaro-defendeu-fuzilar-a-petralhada. Acesso em: 23 maio 2024.

desenvolveu na região sul do país, de maioria conservadora, considerando-se os resultados das eleições de 2022.

Feita a apresentação e análise do cenário, a seguir buscarei apresentar quais são as características dos jovens pesquisados, considerando as *orientações coletivas* significativas para esta conexão geracional, assim como as eventuais diferenças para identificação dos recortes de unidade geracional.

Definindo a geração específica

A primeira definição precisa considerar o quando, compreendendo a conjuntura, local, questões pertinentes, quadro que procurei apresentar na seção anterior. No entanto, somente essa definição não dirá muito a respeito dos possíveis perfis das unidades e do conteúdo geracional que se constitui nesse contexto. Para tal, recorri a duas etapas, uma quantitativa, que objetivou identificar as unidades geracionais, mais especificamente as posições políticas numa escala ideológica para, posteriormente, verificar se haveria diferenciação do perfil considerando os dados sociodemográficos. A etapa subsequente teve caráter qualitativo, com objetivo de compreensão do conteúdo geracional, *como* interpretam os fenômenos sociais diversos e de que forma há diferenciação da percepção desses fenômenos, o que constitui as unidades geracionais.

O primeiro momento foi então a identificação da *geração como atualidade* e parti do princípio da existência de uma *consciência*[46] de seu posicionamento político, o que foi testado a partir da apresentação de uma escala. Foi realizado o cruzamento do posicionamento político com questões que dizem respeito à participação política, que assuntos devem ou não ser discutidos na escola e quais são os principais problemas do Brasil, mas considero que os dados mais importantes dizem respeito ao teste de quais variáveis servem para identificar os posicionamentos a partir de teste estatístico correlacionando-os com o posicionamento político. Mais especificamente, procuro saber se existem variáveis mais significativas para identificação das unidades geracionais.

O segundo momento trata do conteúdo das questões relacionadas à política para a geração em análise. Busco entender o conteúdo daquilo que ajuda a identificar a conexão geracional, de que forma surge a preocupação com a política, marcadores para seus posicionamentos e quais são as questões

---

[46] Compreendido não num sentido restrito, como "consciência de classe", por exemplo, mas quando há expressão de uma relação biográfica estrutural da justificação do posicionamento.

que constituem suas orientações coletivas. Existem assim questões que são gerais, portanto, para a conexão geracional, e particulares, para as unidades geracionais. A seguir apresento aqueles elementos que considero como comuns à geração para depois buscar identificar diferenças nas orientações e que têm por base as unidades geracionais.

Emergência geracional: quando surge a percepção sobre a política?

Feita a apresentação do quadro histórico, a juventude analisada tem essa conjuntura como referência de realidade, seu marco zero, aquilo que Mannheim define como *contato fresco*. Isso significa que, à diferença de pessoas de gerações anteriores, não tem enquanto experiência imediata outra referência de realidade e é esse o seu material de trabalho para compreender como se dão as relações políticas no cotidiano. É sua referência principal e inicial. Não se exclui, por óbvio, que são apresentadas a esses jovens situações pretéritas, o "no meu tempo" de pessoas de outras gerações, assim como pelo aprendizado escolar, por exemplo. No entanto, assim como Mannheim, considero que é a experiência imediata que será mais relevante para construção dos *habitus*, das formas de apreensão da realidade e a constituição das unidades geracionais. Até a própria aprendizagem escolar ou o contato com experiências de outros que narram aventuras "de seu tempo" são mediados, necessariamente, pelas questões presentes.

A professora, ao falar da ditadura militar no Brasil, muito provavelmente, abordava a questão de uma forma nos anos 2000 e outra agora, seja pelo ambiente escolar de hoje, seja pelo desenvolvimento da pesquisa desse campo, que se apresentarão de formas específicas em cada período histórico. É, em resumo, uma realidade que é vivenciada de forma conjunta, na *contemporaneidade dos não contemporâneos*.

A diferença que me importa é que são os jovens aqueles que têm no presente a experiência fundante da construção de sua visão de mundo a partir da realidade percebida para além dos laços sociais imediatos como a primeira experiência social abrangente. Não é o entendimento de uma prioridade, mas da possível constituição de diferentes enteléquias, formas específicas de interpretação da realidade que surgem a partir do apontamento de eventos que servem como marco para a emergência geracional, pelo menos no que diz respeito aos temas políticos propriamente ditos. Mudam os caminhos que levam à emergência e que servirão para possível identificação das unidades geracionais. Para a quase totalidade dos jovens entrevistados tal evento foi a eleição presidencial de 2018. Uma jovem que à época da entrevista tinha 20 anos (2020) trouxe como experiência fundante para seu interesse em política o impeachment da presidenta Dilma Rousseff.

> *Entrevistador: E tu te lembra quando é que tu começou a falar sobre política?*
>
> *Verônica: Deixa eu ver, foi na, no impeachment da Dilma. Eu comecei a me informar mais, saber o que tava acontecendo, né? Que foi um golpe de impeachment que aí eu queria saber o que tava acontecendo, se realmente era um impeachment legal ou o que aconteceu ali, sabe?*

O interessante na fala de Verônica e que demonstra sua percepção como agente político é a busca por informação, por tentar entender o que estava acontecendo. Em síntese, compreendo que se trata da construção de uma autonomia, primeiro, do entendimento dos acontecimentos para, posteriormente, decidir como agir sobre eles. O mesmo momento político aparece na fala de outra jovem, mas ainda não como um momento de autonomia conforme seu entendimento.

> *Iris: E minha infância inteira foi até a Dilma, veio o Temer, lógico que eu já gritei "Fora Temer" nem sabia o que tava gritando porque eu era bem novinha @(.)@. Mas, só que, sabe? É uma coisa que eu nunca tive que me preocupar antes porque meus pais tavam felizes com o governo do Lula e da Dilma e era PT, PT, PT! Então, tava tudo certo, então, quando eu precisei eu acho que tava ali e eu tentei participar dos debates que tavam, que eu tinha oportunidade.*

Duas questões que são interessantes dessa fala: o entendimento de que "nem sabia" relacionado à infância, o que não significa a mudança de posicionamento quando vem à sua consciência a forma como entende os acontecimentos políticos. Assim, não é a cisão da percepção prévia, ou ainda, daquela de sua família (essa a segunda questão), mas a noção de autonomia, presente na questão prévia de Verônica de se informar ou na de Iris de participar dos debates. A noção de consciência, então, em meu entendimento, é que definirá a emergência geracional e esta se diferencia pelos eventos de referência e não necessariamente pela diferença de gerações anteriores. Para que não haja um mau entendimento, ocorre também que a família instigue a autonomia, como na fala de Mônica:

> *Mônica: Desde pequena eu fui, como a gente brinca assim, desde pequena eu fui muito militante e chata teoricamente, ahn, porque eu sempre tive uma visão mais voltada da política porque minha mãe trabalhou oito anos na Câmara Municipal de Porto Alegre,*

> *então, consequentemente eu também, às vezes, não que, eu era pequena, **eu não ia ter muita noção do que tava acontecendo** [grifo meu] no Estado na época, mas a minha mãe sempre me educou com uma parte disso. Então, eu sempre fui, e meu pai também é assim, mas a gente tem opiniões opostas, eu e o meu pai, em relação ao governo e etecetera, mas os dois sempre me impuseram de sempre ter a minha opinião e pra mim ter a minha opinião eu preciso saber das coisas no caso, né? Então, sempre tinha muito disso de tá envolvida, ahn, de eu querer saber sobre o que tava acontecendo, de não achar justo pra eu saber, poder dar minha opinião e no final, se eu desse minha opinião eu saber que to falando aquilo da forma certa. Foi assim, ahn, e fiquei mais ativa politicamente quando eu entrei na escola pública, quando eu entrei no, porque na escola particular a gente não tem tanto isso, a gente não tem essa liberdade pra fazer essas coisas, nem o apoio.*

A autonomia aqui é própria da constituição familiar de um *habitus* militante. É também interessante que não é fundamental uma coerência entre posições, como no caso de seu pai e sua mãe, mas é importante a possibilidade e recepção do debate político, ter a liberdade para posicionar-se ou, como se verá adiante, a necessidade ou emergência do posicionamento nesse caso, oriundo ou instigado pelo *habitus* familiar politizado. Permanece, de qualquer maneira, o movimento de busca do entendimento do que está acontecendo. É na juventude, via de regra, que surge a possibilidade de participação política e a *consciência geracional* ocorre então não por uma eventual autopercepção de sua singularidade ante as demais, num movimento de reflexividade sociológica, mas pela identificação de quais eventos históricos emergem como marcadores da emergência de uma consciência política e quais são as possíveis interpretações coletivas que definirão, assim, a conexão geracional. As eleições é que aparecem para muitos desses jovens como esse evento marcador da consciência política, mudando o sentido que dão a tal evento, o que definirá a unidade geracional. Na fala a seguir, Gustavo, um jovem que se identifica como conservador, narra o momento em que se interessou por política.

> *Gustavo: ...a gente não conversa muito de política em casa, mas acho que foi em 2018 que foi a última eleição pra presidente, né?*

> *Entrevistador: Uhum.*

> *Gustavo: Bah, aí foi quando eu dei a, eu acho que foi o estalo aí mesmo.*

> *Entrevistador: Depois das eleições de 2018?*

> Gustavo: *Na época das eleições, eu acho, que eu me lembro que eu ficava perguntando pra mãe, um dia de madrugada, eu me acordei e fui no quarto dela e comecei a pergunta uns negócios do nada assim.*

> Entrevistador: *Uhum. E essas coisas que tu perguntou era sobre política? Algum assunto em específico?*

> Gustavo: *Era sobre a, a relação com, como é que era? Com relação a como é que ia funcionar, vamos supor, se o presidente ganhasse quando que ele ia entrar, o que ele ia fazer, quais são os poderes dele talvez, como é que funciona.*

O diálogo com sua mãe denota um sentimento de esperança naquilo que o então candidato poderia fazer quando eleito, como funciona o sistema presidencial. Havia uma percepção positiva sobre aquele momento. Há aqui também uma continuidade ideológica entre o jovem e seus familiares e o interesse em compreender o funcionamento político.

Polarização: formas de lidar

A ideia de polarização é presente como totalidade atualmente, aparecendo em diversos ambientes: família, escola, trabalho etc., e para esses jovens é algo que se apresenta como um dado da realidade e não uma novidade como pode parecer para gerações mais velhas. É, então, um dado que constitui a conexão geracional e será enfrentado de forma específica conforme a unidade geracional. Alguns jovens buscarão formas de mediação como alternativa ao conflito.

> Miguel: *Eu gosto muito da questão da política porque as pessoas têm visões diferentes, elas têm opiniões diferentes, então, essa é a questão, sabe? E muitas pessoas elas tem muito aquela coisa da visão, assim, fechada, eu voto no partido tal e eu não voto mais, o meu candidato presta e o teu não presta, sabe? Essa parte me incomoda bastante da política porque eu acredito que as pessoas têm visões diferentes, a gente- somos pessoas diferentes, ahn, cada um tem a sua visão e emprega ela de como bem entende. Então, eu acho que, assim, a gente deveria falar mais sobre política, a gente deveria conversar políticas como a gente, sobre política como a gente tá conversando aqui agora, sabe? Não com uma faca na mão ou berrando e falando assim: "Não, teu presidente é horrível", sabe? Como eu disse, eu não gosto do presidente, não simpatizo, não votaria nele, mas o fato de que as pessoas têm uma visão diferente e tu pode conversar e ver: "Não, tá ele fez, ele até*

fez uma coisa boa" então, tipo, eu acredito que dá pra fazer um giro assim na política.

A divisão é vista como algo prejudicial ao ambiente e construção política por muitos desses jovens, e veem um "fechamento" em cada posição como algo a ser desconstruído e que, quando se apresenta de forma próxima, como no ambiente familiar, leva ao silenciamento como forma de evitar conflitos no ambiente familiar.

> *Priscila: Minha família, por parte do meu pai, ela é bem mais de esquerda do que a família da minha parte de mãe, então, e a minha família aqui de casa eles não são nem de esquerda, nem de direita, assim, eles são bem, eles não gostam de nenhum dos dois lados, nenhum dos dois extremos. Não gostam nem do PT, não gostam do Bolsonaro e fica nesse extremo de gosta, não gosta. E a minha família por parte de pai é bastante em relação a PT e envolvida em projetos e tal, então isso acabou criando umas relações não muito boas, ahn, tipo, as pessoas brigavam no jantar de família, no almoço de família, ficava aquela coisa, tipo, um xingando o outro e (inaudível) com a minha vida, sabe? Eu não ganhava nada com aquilo, as pessoas tão queridas que a gente perde uma relação por conta de política não vale nem um pouco a pena, na minha opinião.*

Em outras situações, a adoção de determinada posição leva ao término de relacionamento, havendo a dificuldade de alteridade, pois, em muitas situações, de fato, não faz sentido, dada a impossibilidade de haver reconhecimento das diferenças, ou de uma possível legitimidade da posição do outro.

> *Entrevistador: Uhum. Tu te lembra de alguma situação que tu tentou conversar com uma pessoa de direita e que tu achou difícil?*
>
> *Verônica: Ah, com certeza! Na [escola X] mesmo, eu tinha uma colega que era bolsominion e ela, namorado dela tinha arma porque ele morava nos Estados Unidos e lá era legalizado e aqui também tinha que ser legalizado arma, e eu achei uma coisa muito pesada isso porque já foi comprovado que tem mais mortes quando as pessoas carregam a armas do que as pessoas não carregando armas legalmente. Então, isso era uma conversa que eu não consegui ter porque eu tentava conversar com ela e ela também não me ouvia e daí eu acho que é aquele negócio de, assim como eu não consigo ver o lado dela, ela também não consegue ver o meu lado.*

Esse diálogo é interessante, pois no debate público atualmente, e mesmo na argumentação de muitos jovens entrevistados, cada pessoa está numa "bolha" em que a posição do outro é invisível e, quando presente, não possibilita diálogos, em especial quando são extremados.

> *Priscila: Ah, eu não gosto, eu acho uma coisa, não precisava assim. Eu entendo porque são, a gente acaba criando afinidades com quem a gente concorda os nossos ideais né? A gente raramente vai ser um uma pessoa que vota no Bolsonaro vai ser a melhor amiga de alguém que vota no Haddad, né? Construir uma amizade, assim, mas, eu acho que a gente tem que variar, como eu disse, viver numa bolha não dá, a gente tem que tentar sair um pouco da bolha e ouvir os dois lados. É que nem eu disse, eu tinha um ideal muito forte de que eu era, que eu queria aquilo, aquilo, aquilo e eu fui ver e eu saí um pouco da bolha e eu vi que não é isso que eu quero. Tem um mundo vasto de opiniões e ideias e dá pra concordar um pouco de cada assim.*

Tal pressuposto passa pelo entendimento da polarização simétrica, ou seja, da igual "radicalidade" de cada posicionamento, analisado a partir da forma como cada pessoa o defende, e não do significado do posicionamento. Por exemplo: a caracterização do período político do Brasil de 1964 a 1985 como ditadura militar com base em um golpe pode ser interpretada hoje como uma posição extremista em razão da naturalização do discurso de extrema direita da existência de um plano comunista para tomada do poder, requerendo-se, portanto, "sair da bolha". Isso é uma característica que pode simbolizar um sinal geracional que levará a formas específicas de atuação política e que se apresentam nos discursos de alguns jovens quando falam sobre política, e especialmente como se apropriaram do tema, sendo necessário argumentar que "não foram doutrinados".

> *Diego: Isso vai desde muita coisa e começa e, detalhe: não foi nem a escola que me influenciou nisso, eu comecei a ver isso antes de ter sociologia na escola, né? Mas (inaudível) eu só tive sociologia né? Então, não tem nem como dizer que eu fui doutrinado porque eu não tive como ter aula ano passado em sociologia direito, mas a política realmente, eu gostava, eu gosto bastante de política e eu não tenho ideia do porquê...*

Aspecto significativo para a constituição dessas "bolhas" ou câmaras de eco pode ser percebido na forma como o debate público é realizado atualmente, tendo influência significativa as mídias sociais como modo de sociabilidade que intermedeia tanto aquilo que é buscado como informação quanto as formas de interação política e que, pelo seu formato, dificulta o diálogo e estimula o dissenso.

6

INTERNET E MÍDIAS SOCIAIS: POSICIONAMENTOS, BUSCA DE INFORMAÇÕES E ADICÇÃO

Apesar de parecer anacrônico, dado que a internet já é uma ferramenta amplamente utilizada pelas pessoas, considero importante debater suas características, considerando tanto as respostas dos jovens entrevistados quanto a bibliografia que trata do tema atualmente, dando especial ênfase às mídias sociais e às *big techs,* grandes empresas que estão presentes em quase todos os cantos da internet e que Canclini (2020) denomina como "GAFA" (Google, Apple, Facebook e Amazon), podendo-se incluir aí outras, como o X (anteriormente Twitter), o TikTok, entre outros. Inicialmente, então, precisamos considerar o funcionamento da internet para compreender de que forma podem influenciar no processo de sociabilidade.

Também busco analisar as formas de interação e constituição as mobilizações on-line, dado ser a internet uma forma cada vez mais importante de socialização, considerando aí os elementos que tratam da política (Morais, 2021), o que requer entender junto a esses jovens de que forma buscam informações, participam e se expressam virtualmente. Considerando o meio virtual como potencialidade, Castells (2013) analisou uma série de mobilizações que se iniciaram virtualmente, como o Occupy Wall Street e a "Primavera Árabe", entre outras, mobilizações que tiveram um forte protagonismo da juventude. É explícito o otimismo do autor em relação às potencialidades da internet como ferramenta democratizante, como podemos ler:

> Os movimentos sociais exercem o contrapoder construindo-se, em primeiro lugar, mediante um processo de comunicação autônomo, livre do controle dos que detêm o poder institucional. Como os meios de comunicação em massa são amplamente controlados por governos e empresas de mídia, na sociedade em rede a autonomia de comunicação é basicamente construída nas redes da internet e nas plataformas de comunicação sem fio. As redes sociais digitais oferecem

99

> a possibilidade de deliberar as ações de forma amplamente
> desimpedida (Castells, 2013, p. 14).

Eventos posteriores, e mesmo antes dessas mobilizações analisadas por Castells, demonstram que a internet não é, necessariamente, um espaço neutro e democratizante. Não é o intento trazer uma perspectiva ludita, de rejeição das tecnologias. É, antes, necessário compreender que essa ferramenta está imersa no modelo social que vivemos e é, portanto, instrumentalizada com objetivos comerciais e dominada por grandes corporações que não se importam com eventuais consequências negativas das formas como têm manipulado os usuários dos diversos serviços da internet. Assim, considero ser fundamental entender como a internet funciona.

Preciso fazer um esquema que pode parecer banal, mas acho importante para ilustrar o argumento das referências sobre o tema. Pense num site, um perfil em mídia social ou e-mail como uma casa, onde a fonte que se procura está hospedada. O caminho de uma casa a outra é um link, o caminho que conecta os endereços. Pois bem, a internet serve como um espaço que tornou possível a construção de mais casas e muito mais estradas que conectam essas casas. Em termos tecnológicos, portanto, ela ampliou a possibilidade de colocar informações disponíveis nessas casas (sites) e tornou muito mais fácil chegar a endereços distantes, antes da internet de muito difícil acesso. Então é como se antes da internet o caminho de uma casa a outra fosse feito de estrada de chão, que poderia ser trilhada somente a pé e agora essas estradas são as *autobahns* alemãs, sem limite de velocidade e que podem nos levar a qualquer endereço. Mas como encontramos os endereços de que não temos conhecimento prévio? Entram aí os sites de busca, organizadores de sites que nos ajudam a localizar os endereços que procuramos. Antes que existissem, tínhamos que saber de antemão o *mail* de nosso contato para procurá-lo, o que era feito, portanto, fora da internet. A partir do momento em que surgiram os sites de busca foi possível, dentro da internet, buscar aquilo que queríamos sem ter que procurar em outro lugar que não a própria internet. E não somente endereços. Informações, definições, conceitos, imagens etc. Grosso modo, é como esses sites de busca, sendo o Google o mais famoso e utilizado, fossem as antigas listas amarelas para busca de endereços, as enciclopédias para busca de assuntos de nosso interesse, disponibilizados em uma ordem que compreendíamos e, usando os exemplos que dei, organizados alfabeticamente, por exemplo. Só que não. Para Segev, os "mecanismos de busca tornaram-se mundialmente populares em razão da possibilidade de produzir, organizar, distribuir, customizar e **manipular** (grifo meu) informações online" (Segev, 2010, p. xviii – tradução nossa).

Ocorre que o Google é utilizado, de modo geral, como ferramenta para busca de informações de forma não reflexiva. Uso esse termo num sentido sociológico, significando que essa ferramenta não é alvo de dúvida no senso comum. É "dado como certa" (Garfinkel, 2018) a sua funcionalidade. Vou fazer uma busca sobre determinado tópico e receberei uma resposta. Entra então naquele mecanismo que Giddens (1991) denomina de segurança ontológica. Por exemplo, atravessar a rua quando o sinal estiver fechado. Eu confio que a pessoa dirigindo o carro irá respeitar o sinal de trânsito. No mesmo sentido a internet, ao tornar-se parte do cotidiano e seus instrumentos, seja os sistemas de busca ou as mídias sociais, passou a compor esse sistema de confiança ontológica, seja no exemplo da busca de informações, seja na possibilidade de produzir informações. Tal crença, no entanto, não se constitui enquanto realidade, dado que a internet, assim como o mundo off-line, é produzida e gerenciada por empresas com interesses específicos, mais exatamente o lucro.

O primeiro aspecto a considerar é sobre o desenho da internet e a distribuição dos endereços e estradas, e, em especial, como se tornaram visíveis para nós, usuários. Essas estradas são, na realidade, construídas de forma a dar maior visibilidade a endereços específicos que detêm maior poder econômico e tornam-se mais visíveis pois existe maior quantidade de links que o tornam mais visível em detrimento de outros. É como se a estrada tivesse uma série de sinalizações e desvios para os sites principais e sem nenhuma sinalização para outros, que mesmo assim estão lá. Isso cria uma distorção daquilo que está de fato presente na internet. Barabási comenta sobre a constituição desse círculo vicioso que, "Para ser lido, é preciso ter visibilidade [...]. Na web, a medida da visibilidade é o número de links. Quanto mais links de entrada para nossa página na web, mais visível ela será" (Barabási, 2009, p. 51). Há, então, a predominância de *hubs* que concentram a maioria dos links e que os constituem enquanto *gatekeepers*, porteiros, forma que para muitas pessoas se torna a maneira exclusiva pela qual acessam informações on-line. Ainda, a disponibilização de informações não é randômica, mas baseada em métricas que são estabelecidas pelas *big techs*. Para Diaz, pesquisador que fez a análise sobre o mecanismo de busca do Google:

> Os utilizadores da Internet têm um gatekeeper – o motor de busca – e escolhem principalmente entre os sites que este lhes oferece. Tal como acontece com todos estes intermediários, esperamos que os motores de busca apresentem a informação

> disponível de uma forma justa e diversificada; esperamos que eles, em outras palavras, sejam "democráticos" (Diaz, 2008, p. 15, tradução nossa).

Os mecanismos de busca, em especial o Google e em muitas situações também as mídias sociais, se tornaram os *gatekeepers* das informações disponíveis na internet. O termo traduzido para o português significa porteiros, mas em sua significação original tem um sentido de monopólio daquilo que será visto ao dar preferência a determinados atores em detrimento de outros em razão do viés existente na construção desses algoritmos. Falando especificamente do sistema de buscas do Google, inicialmente foi baseado no sistema denominado *pagerank*. Esse sistema compreendia que aqueles sites com maior quantidade de links são os mais populares, sendo, portanto, os mais citados, utilizando como referência inicial o sistema de confiabilidade de citação de artigos acadêmicos, inspiração para os criadores desse mecanismo de busca. No entanto, para a internet de modo geral o mesmo critério não se torna objetivo, no sentido que pretendo dar: de confiabilidade objetiva da informação com base na veracidade. Não é porque uma fonte é a mais citada que é mais crível, dado que a internet replica a lógica da sociedade de modo geral e terá como um dos principais objetivos o lucro. Também que o próprio sistema foi construído de modo arbitrário, pois,

> [...] para piorar as coisas para o PageRank e para a democracia, há evidências recentes de que existe um preconceito enorme e preexistente, latente na estrutura de links da própria Web, a própria estrutura de links a partir da qual o PageRank é calculado (Diaz, 2005, p. 71, tradução nossa).

Novamente, de acordo com Diaz:

> O objetivo dos motores de busca é discriminar entre os bilhões de documentos online; os criadores destes sistemas devem, portanto, escolher que tipos de conteúdo desejam promover e que tipos irão enterrar entre os resultados. Ao fazê-lo, irão inevitavelmente favorecer alguns interesses válidos em detrimento de outros interesses igualmente válidos. Nesta perspectiva, mesmo o "preconceito sistemático e injusto" é inevitável. A questão, então, não é realmente se existe preconceito, mas que tipo de preconceito deveríamos preferir (Diaz, 2005, p. 12, tradução nossa).

Por si, o critério de popularidade dos resultados é arbitrário, e tampouco poderia deixar de sê-lo, dada a quantidade enorme de dados disponíveis para seleção, mas também o é a partir de critérios editoriais das *big techs*. Na verdade, ocorrem a partir dos gostos, via de regra econômicos e que são reproduzidos nos sistemas de busca.

> As máquinas, e não os humanos, aparecem como aqueles que realizam os julgamentos cruciais, criando a impressão de que os motores de busca contornam os preconceitos estruturais e as apresentações distorcidas de dados inerentes a qualquer mídia editada por humanos. O marketing realizado sobre os motores de busca normalmente reforçam esta percepção de objetividade. Infelizmente, esta visão romantizada dos motores de busca não corresponde à realidade. Os motores de busca são empresas de mídia. [...] ...tal como outras empresas de comunicação social, os motores de busca fazem escolhas editoriais destinadas a satisfazer o seu público [...]. ... estas escolhas favorecem sistematicamente certos tipos de conteúdo em detrimento de outros, produzindo um fenômeno denominado "preconceito do motor de pesquisa" (Goldman, 2008, p. 122, tradução nossa).

Compreende-se então que não há uma neutralidade na internet. Há uma editoria, formas variadas de disponibilizar informações e, inclusive, formas de produzir reações a partir daquilo que é disponibilizado ou invisibilizado. Como estou pensando na forma como os jovens acessam a informação, penso naqueles resultados que têm quando fazem uma busca no Google, por exemplo. Também o conteúdo da internet é cada vez mais individualizado a partir do avanço tecnológico, mais especificamente a capacidade crescente de poder acompanhar todos os passos dos usuários na internet de forma a buscar prever possíveis preferências, gostos e visões de mundo.

> Em 2009 o Google informou uma mudança significativa na forma como se relaciona com seus usuários. A mudança se deu a partir da possibilidade do rastreamento individual do uso da internet por cada usuário, o que possibilitaria uma maior personalização da experiência individual, significando, por exemplo, que na busca de conteúdos os resultados seriam diferentes para cada pessoa a depender dos seus hábitos (Pariser, 2011, tradução nossa).

Você já deve ter notado isso. Clique em um anúncio de geladeira e logo aparecerão outros inúmeros anúncios de geladeira. Depois fogões, panelas etc. Olhe um vídeo sobre um determinado político e em seguida aparecerão outras diversas sugestões de temas relacionados ao conteúdo daquele vídeo, no mesmo recorte ideológico. Novamente, ao realizar uma busca no Google sobre algum tópico político, duas pessoas podem obter resultados distintos. Houve um incremento tecnológico tal que é possível individualizar a análise dos rastros digitais de forma a construir um perfil provável de cada usuário, o que acontece, invariavelmente, de forma invisível, e que dá um poder cada vez maior para as *big techs* em diversos sentidos. Como chama atenção Segev:

> [...] a maior capacidade de produzir e disseminar informações está nas mãos de agentes de informação populares (como o Google), e os seus mecanismos avançados de personalização também podem criar dependência e progressivamente "bloquear" os usuários nos seus serviços. Além disso, a sua capacidade crescente de recolher e armazenar dados pessoais também ameaça potencialmente a privacidade dos usuários. Em outras palavras, juntamente com uma maior capacitação e controle, os agentes de informação também aumentam a sua capacidade de construir "realidades" e manter a dependência entre os seus usuários (Segev, 2010, p. XIX, tradução nossa).

O autor chama atenção para a constituição do que denominou como *divisão digital,* compreendendo a diferença do público que compreende a capacidade dessas empresas em fazer o recolhimento dos dados dos usuários e sua manipulação de modos diversos e do público em geral que dá à internet e às *big techs* um sentido de uso que coloquei antes como baseado numa segurança ontológica. Em síntese, as pessoas acham que são elas que estão produzindo as informações ou que estão lhes sendo oferecidas de forma não editada, o que é falso. Outra característica que parece marcante no uso da internet atualmente é uma crescente relação que parece ser de dependência.

Seymour, autor que analisa o funcionamento e lógica dessas empresas, compreende que a "indústria da mídia social criou uma máquina de vício, não como um acidente, mas como um meio lógico de ter retorno financeiro para seus investidores" (Seymour, 2019, p. 28). Há uma coerência das análises sobre o funcionamento das mídias sociais e que se baseiam nas falas de ex-empregados e financiadores, de especialistas em engenharia e também nos resultados comportamentais de usuários das mídias sociais. O elemento central é a capacidade de gerar a adicção dos usuários para fins comerciais, independentemente dos resultados que isso tenha. Para criar o vício, utilizam mecanismos psicológicos para manter os usuários mais tempo nas mídias sociais, o que é feito a partir da criação de algoritmos que busquem padrões específicos de comportamento e que se apresentam na forma como nos relacionamos com a internet.

> O código básico no coração da internet é simples. A nova geração de filtros da internet olha para as coisas que parecemos gostar – o que de fato fizemos ou o que as pessoas como você gostam – e tenta extrapolar. São máquinas de predição, constantemente criando e refinando a teoria de quem você é e o que você quer fazer em seguida. Juntos, esses algoritmos criam um universo único de informação para cada um de nós – o que chamei de filtro-bolha – que fundamentalmente altera a maneira como encontramos ideias e informações (Pariser, 2011, p. 9, tradução nossa).

Pariser compreende que essa indução não é uma novidade, sendo realizada pelas mídias tradicionais. Há, no entanto, defende, três aspectos novos a considerar no filtro-bolha produzido pelos algoritmos: ele individualiza a partir da capacidade de gerar informações detalhadas de cada pessoa a partir do avanço tecnológico; acompanha o uso cotidiano da internet, seguindo os rastros e assim produzindo a teoria da predição personalizada e, consequentemente, levando a caminhos singulares; é invisível, dado que esse rastreamento não é perceptível. As pessoas entram nos sites, mídias sociais, interagem, clicam em determinados tópicos, sendo tudo rastreado e servindo para a construção da personalização. Por fim, não há uma escolha para o ingresso nessas bolhas. Essa escolha é feita a partir da personalização produzida pelos algoritmos e que passa a ditar a experiência na internet. Esse sistema de personalização baseado no rastreamento das buscas leva ao fechamento dos conteúdos em temáticas que excluem pontos de vista antagônicos, produzindo o que Pariser (2011) denominou como filtro-bolha.

> Esse efeito de distorção é um dos desafios postos pelos filtros de personalização. Como uma lente, o filtro-bolha transforma de modo invisível o mundo que experienciamos ao controlar o que vemos ou não. Ele interfere na interação do nosso processo mental com o ambiente externo. Em alguns casos trabalha como uma lente de aumento, aumentando nossa visão sobre um assunto de conhecimento. Mas ao mesmo tempo, filtros de personalização limitam ao que somos expostos e portanto afetam a forma como pensamos e aprendemos (Pariser, 2011, p. 82-83, tradução nossa).

Junto ao fechamento em filtros-bolha, que podem ser também denominados câmaras de eco, dado que acabam por aglutinar e até mesmo criar grupos que têm as mesmas visões de mundo e, por só dialogarem entre si, têm uma impressão distorcida da realidade, dado não ter contato com o contraditório, consolidam-se perspectivas extremadas sobre a realidade social. Isso ocorre a partir da forma como os algoritmos operam, procurando aqueles tópicos que tendem a gerar maior engajamento. Pesquisas apontam que esses algoritmos trabalham numa lógica que busca gerar uma sensação de dependência. Lanier, um opositor do uso das mídias sociais, em seu livro *Dez argumentos para você deletar agora suas redes sociais* (2018), apresenta os comentários de ex-integrantes do Facebook sobre como essa mídia funciona. Um deles, Sean Park, primeiro presidente da empresa e inventor do *Napster*, explica como operam:

> Precisamos lhe dar uma pequena dose de dopamina de vez em quando, por que alguém deu um like ou comentou em uma foto ou uma postagem, ou seja lá o que for [...] Isso é um circuito de feedback de validação social [...] exatamente o tipo de coisa que um hacker como eu inventaria, porque explora uma vulnerabilidade da psicologia humana. Os inventores, criadores - eu, Mark [Zuckerberg], Kevin Systrom no Instagram, todas essas pessoas - tinham consciência disso. E fizemos isso mesmo assim [...] isso muda a relação de vocês com a sociedade, uns com os outros [...] (Lanier, 2018, p. 17).

Lanier apresenta também o comentário de outro antigo integrante dessa empresa, que vai no mesmo sentido de buscar a adicção de seus usuários, num sentido próximo àquele criado por viciados em jogos.

> O ex-vice presidente de crescimento de usuários do facebook explica de que modo produz o engajamento no site. "Criamos ciclos de feedback de curto prazo impulsionados pela dopamina que estão destruindo o funcionamento da sociedade [...] Nenhum discurso civil, nenhuma cooperação; apenas desinformação e inverdades" (Lanier, 2018, p. 17).

Existem evidências de que as mídias sociais constroem os algoritmos no sentido de modificar o comportamento das pessoas, de forma a aumentar o tempo de uso e num ciclo de quase dependência, e também que a forma como realizam isso se dá sem escrúpulos, independentemente dos resultados que possam ter, invariavelmente preocupados com os retornos financeiros, como observa Seymour:

> Em maio de 2017 surgiu a partir de documentos vazados e publicados no jornal *O Australiano* que executivos do Facebook discutiram com anunciantes como eles poderiam usar seu algoritmo para identificar e manipular o estado de espírito[47] de adolescentes (Seymour, 2019, p. 28, tradução nossa).

A construção dos algoritmos busca quais mecanismos psicológicos podem levar ao maior uso das mídias sociais. Esses mesmos mecanismos descobriram que frequentemente são sentimentos que conduzem à polarização, à constituição de grupos e exogrupos que não conseguem se comunicar, o que é impulsionado pelo efeito-bolha. Considere-se também que esses algoritmos procuram que sentimentos geram maior engajamento e que também acabam por reforçar esse efeito-bolha. Um deles é o sentimento de indignação moral, quando as pessoas percebem que alguma norma que lhes é cara não é cumprida.

Crocket (2017) realizou uma pesquisa junto a 1.252 pessoas para analisar suas reações à indignação moral de três modos: pessoalmente, por tv/rádio e on-line. Como resultado verificou que "os meios de comunicação digitais podem exacerbar a expressão da indignação moral, inflacionando os seus estímulos desencadeadores, reduzindo alguns dos seus custos e amplificando muitos dos seus benefícios pessoais" (Crocket, 2017, p. 769). Em outra pesquisa sobre as respostas ao uso de mídia social:

> [...] realizada com 252 usuários do twitter se percebeu o aumento da polarização política, aumento do sentimento de indignação, aumento do sentimento de pertencimento a grupos específicos e redução de sensação de bem-estar. Ainda, as formas de utilização dessa mídia levaram a alguns resultados específicos, a depender da finalidade do uso. Aqueles que usavam de forma passiva apresentaram menor bem-estar. Os que usavam de forma mais ativa tiveram maior sentimento de pertencimento a grupo específico (relacionado ao viés das informações) e os que utilizaram o X para procurar informações demonstraram um aumento do sentimento de indignação (Mello; Cheung; Inzilicht, 2024, p. 1, tradução nossa).

Essas mídias sociais foram construídas de forma a gerar essa forma de participação individualizada e viciante, o que leva, ato contínuo, a determinadas formas de expressar-se nelas e que tendem, cada vez mais, a dificultar o diálogo e incentivar a polarização, pois ela é produzida por sentimentos

---

[47] No original o termo usado é *mood*, que pode ser diretamente traduzido como humor, o que poderia gerar uma interpretação incorreta, razão pela qual preferi empregar estado de espírito.

que levam ao maior tempo de uso dessas plataformas, além de representar o meio cultural em que foram produzidas, como lembra Miskolci:

> Essas tecnologias incorporam os valores de quem as projeta em sua própria arquitetura. Uma plataforma como o Facebook, por exemplo, foi inspirada nos anuários das escolas norte-americanas de ensino médio e reflete a cultura escolar de disputa por popularidade e empreendedorismo de si que viceja nesses ambientes. Cabe acrescentar que o design das redes sociais digitais atende fundamentalmente a objetivos econômicos. Seu lucro é baseado na coleta de quantidades massivas de dados e na venda de mercados e predições futuras das ações dos usuários. Para que isso seja possível, as plataformas os incentivam a fazer performances, construir expressões individuais de si nos seus perfis, além de se conectar e interagir constantemente com os outros, de modo que a informação gerada se converta em mercadoria a ser vendida para anunciantes (Miskolci, 2021, p. 7).

Considerando o papel desempenhado pelas mídias sociais no debate público contemporâneo cabe a dúvida da forma como os jovens compreendem essa ferramenta, em especial se esse tópico deveria estar subsumido à política no sentido de que é inerente sua influência na decisão política. Sem negar a influência que exerce, em especial na forma como a atuação política é performada, tanto à esquerda quanto à direita (Mikolscki, 2021), os resultados da pesquisa demonstram criticidade dessa geração em relação às mídias sociais, compreendidas como ambiência que leva a determinados comportamentos e formas de comunicação negativos, de modo geral. Esses jovens utilizam as mídias sociais de forma desconfiada e crítica, o que fica visível na leitura da tabela a seguir.

Tabela 1 – Qual a fonte de informação menos confiável

Amigos/Colegas	10,00%
Familiares	4,24%
NO	2,17%
Professores	0,69%
Redes sociais	67,77%
Sites de notícias	10,24%

Tv/Rádio	4,89%
Total	**100%**

Fonte: o autor

Quase 70% dos jovens entrevistados apontaram as mídias sociais como fonte de informação menos confiável. Quando questionados qual é a mais confiável, as mídias sociais são apontadas por 1,98%. Essa percepção negativa não apareceu nas entrevistas na forma de desconfiança, destinada a fontes de informação em geral e que requerem um "filtro" para verificação de veracidade. Um dos jovens fala da necessidade de pesquisar ao invés de somente olhar aquilo que lhe é enviado em razão da forma como as notícias são apresentadas a partir do algoritmo. O entrevistado Gabriel comenta: *"Eu percebo assim, que o algoritmo, ele... transforma completamente, assim, os filtros pra cada pessoa, já ao fazer isso pra mim só aparece notícias de um tipo e pra outras pessoas aparecerem só de outro tipo...".*

Há o entendimento entre alguns dos jovens da constituição de conteúdos segmentados por perfil, o que requer que procurem fontes a partir de pesquisas que busquem ou confirmar a fidedignidade do conteúdo ou a partir daqueles canais que acham mais confiáveis, o que são, via de regra, a partir de seus recortes ideológicos. Isso não quer dizer que não façam a distinção do seu recorte ideológico daquilo que é a constituição social como um todo. Por exemplo, Maria comenta como o Twitter (atualmente X) se constitui, à época, como uma bolha de jovens de esquerda e que constituem uma "bolha" que não condiz com a realidade.

> *Maria: Eu acho que elas aparecem muito na bolha do twitter porque o twitter é uma bolha de adolescentes de esquerda que quer mudar o mundo agora, então, é muito complicado assim, tu ter os dois lados, na minha timeline, por exemplo, nunca aparece dois lados, aparece sempre a opinião que eu tenho, tipo, é uma coisa que pra mim é boa porque eu não me estresso, mas que não é bom pra construir, é uma opinião realmente embasada em coisas que, né? Tem algum fundamento, mas eu acho que, tipo, o twitter realmente é uma bolha de pessoas que, tipo, por exemplo, se tu for botar uma enquete no twitter e teus seguidores votarem, sei lá, em quem votaram em 2018, com certeza, 90% da enquete vai dar Haddad e 10% Bolsonaro e sendo que no mundo não é assim. Então, as notícias no twitter parecem que são muito filtradas pra ser só aquilo que tu quer ver, aquilo que tu concorda.*

É realizada assim muitas vezes a leitura do meio de onde se obtém a informação, relacionando o conteúdo com sua fonte, muito em razão da preocupação com a difusão da desinformação, que se denomina atualmente como *fake news*. João comenta como faz para procurar informações fidedignas:

> João: Olha, eu tento ler, no mínimo possível, a jornal ou esses telejornais da TV aberta até porque (inaudível) credibilidade, mas eles sempre têm a corrente deles a corrente ideológica deles, né? Eles sempre vão pendular pra algo que mais vale pro momento, mas quando eu tento me informar eu vejo o jornal ou o leio alguns jornal, procuro alguns jornais que me interessem mais. Atualmente eu to lendo que, eu me interessei bastante pelo, como é que é o nome daquele jornal francês? Eu acho que é o Le Monde, ele é interessante ou então eu vejo alguma coisa de alguma magazine na internet, mas sempre buscando ver qual fonte que eu posso confiar, nada tipo Wikipédia ou qualquer coisa que eu veja solta assim, numa rede social.

João traz como primeiro elemento de sua fala o abandono da tv aberta como fonte de informação confiável, considerando a instabilidade da corrente ideológica que parece pendular. Apresenta na sua fala a busca por conteúdo a partir de seu recorte ideológico, o que alguns especialistas têm chamado de viés de confirmação (*o que deve ser problematizado, pois implicitamente compreende haver possibilidade de uma mídia não ideológica*), não sendo o caso, pois na fala de muitos jovens há uma escolha das fontes que trazem argumentos jornalísticos (como o *Le Monde*, no caso de João). A diferença é que há uma franqueza editorial, o que esses jovens parecem preferir. Outro detalhe, falado por último, é a desconfiança dos conteúdos das redes sociais, salvo quando acompanham perfil de fonte verificável. As mídias sociais também aparecem como forma de saber o que está sendo noticiado ou comentado para, a posteriori, verificar-se por outros meios se não se trata de informação falsa.

> Entrevistador: Uhum. E quando tu quer te informar sobre algum tema, ahn, que tu acha importante na política, quais, quais são os meios, a quem tu recorre?

> Carla: Bom, primeiro, a primeira fonte de acesso que eu tenho até pra saber o que tá acontecendo, são as redes sociais, mas aí quando eu me interesso, eu realmente vou atrás aí eu jogo ali no google pra saber o que tá acontecendo e daí eu vejo outros sites, assim, realmente pra me informar mesmo e não só sair reproduzindo o que me falaram.

Foi comum nas falas a importância da escolha do conteúdo a partir de quem comunica, ou seja, do conhecimento que se tem da visão ideológica da fonte de informação quando esse jovem já tem um recorte ideológico bem definido à esquerda ou à direita.

> *Hector: Quando, tem dois sites em especial que eu evito, se chama Brasil247, eu acho que é assim que se fala, pela sua agenda política muito contrária aos meus, a aquilo que eu acredito, muito ao meu ver, sinceramente. E o outro foi a própria G1 da Globo, mas esse aí eu acho que o motivo é quase óbvio...*

Hector é um jovem que se declara conservador e evita o *Brasil247*, portal de notícias com recorte de esquerda, e o jornalismo da Globo, que historicamente foi associado com a direita e atualmente é visto por muitos segmentos da direita como tendo um editorial de esquerda. Tal visão não é restrita a jovens da direita. Iris, uma jovem que se declara de esquerda, diz ser uma admiradora do jornalismo da rede Globo, se diferenciando de muitos jovens que não acompanham mais a tv aberta.

> *Iris: Ahn, o twitter informa bastante, twitter, eu sigo, eu sigo BuzzFeed News que é o jornal do BuzzFeed que ele traz informações mais de outros lugares. O G1 é muito importante, eu tô sempre na frente da televisão, então, é, eu adoro Jornal Nacional, eu adoro Jornal Nacional, eu adoro o jornalismo da Globo, acho incrível! Tinha que ser mais valorizado-*
>
> *Entrevistador: Tu acha incrível o jornalismo da Globo ou tu acha incrível tu gostar do jornalismo da Globo? Eu não entendi.*
>
> *Iris: Não, não, eu gosto do jornalismo da Globo, de verdade, eu acho que se eu visse em 2014 uma coisa assim quando queimavam o Lula, eu acho que eu não ia gostar @(.)@ mas todo dia pau e pau na família Bolsonaro, então, pra mim tá bom, eu descubro o que tá rolando nos Estados Unidos, eu acho que tudo tem uma inclinação e, e, eles trazem notícias boas, eu gosto do jornalismo da Globo. Ahn, tem esses canais também a CNN e até a GloboNews só que eu, pela televisão eu prefiro me informar pela, pelo Jornal Nacional, principalmente, ahn, porque parece que é mais direto, parece que eles chegam e não sei se é uma impressão minha ou se realmente é assim, mas enfim, parece que é mais direto (inaudível).*

Iris, assim como Hector, faz a seleção das fontes considerando suas orientações ideológicas. A primeira menção da Iris diz respeito ao Twitter e parece ir ao encontro da visão de Maria sobre essa mídia social (pelo menos à época da entrevista), sobre o perfil de seus usuários e verificado na pesquisa. Havia em 2019, em suas percepções, um predomínio de jovens que se identificavam com a esquerda e extrema esquerda nos usuários do Twitter, sendo a mídia social menos utilizada entre os participantes da pesquisa[48]. A consideração do viés ideológico então parece ser um elemento que é considerado por esses jovens, não sendo, no entanto, algo que é visto de forma positiva por todos, em especial por aqueles que não se identificam à esquerda ou à direita. Miguel, um jovem que se declara ideologicamente como centro, compreende como negativa a parcialidade das fontes de informação e sabe fazer a leitura de qual é o recorte ideológico do meio de comunicação em razão daquilo e da forma como comunica, mas rejeita essa postura que compreende como superficial.

> Miguel: a gente tem emissoras no país que elas são muito partidárias, assim, a gente tem uma emissora que tá falando, que tá falando e rasgando a boca pra falar do presidente da República que eu acho errado, essa determinada perseguição e a gente tem outra emissora que defende que, sabe? Que tá tomando o partido do presidente como uma, como uma visão de ter que tirar um jornal do ar pra não mostrar uma reunião, sabe? Eu acho isso muito errado. Então, a questão da mídia também sobre política tá influenciando muito a opinião das pessoas e também tá acabando difamando o nome das emissoras que de grande, de anos em anos, sempre foram emissoras grandes aqui no país e acabam agora tendo o seu nome sujo por birrinhas e, às vezes, uma opinião, sabe? A questão da, da imparcialidade, sabe? Eu noto que não tem muito, sabe? Nessas, nas mídias. Então, às vezes muito das nossas conversas giram em torno disso, sabe? De ir na questão de como a mídia tá explorando determinados assuntos e frisando em coisas que não teriam tanta necessidade de frisar.

Uma questão importante para esses jovens, então, é a capacidade crítica para a seleção das informações, o que é indicado a partir do conhecimento que tem de como operar na internet para busca de informações a partir de fontes confiáveis. Assim, considerando as respostas das entrevistas, aquilo que é percebido em quase metade da população brasileira sobre a

---

[48] No artigo "Confiança e socialização política nas mídias digitais perspectiva de jovens no ensino médio do Rio Grande do Sul", escrito por mim, Sérgio B. Barcellos e Simone da Silva R. Gomes, há uma análise completa sobre o tema.

não verificação da veracidade das notícias[49] não se mostra como a norma entre os entrevistados. Percebe-se uma segmentação ideológica das fontes, constituindo os filtros-bolha para os jovens que têm identificação ideológica à esquerda ou à direita.

Para Pariser, isso resulta numa bitolação, dado gerar somente a busca de informações que confirmam crenças prévias. Tal fenômeno é negativo, pois

> [...] em primeiro lugar o filtro-bolha nos cerca com ideias que já nos são familiares (e já concordamos), nos tornando super confiantes em nossas crenças. Em segundo lugar, remove de nosso ambiente aspectos centrais que fazem com que queiramos aprender (Pariser, 2012, p. 84).

Isso pode levar a uma interpretação, ao não ser feita uma leitura contextual, de que há uma polarização simétrica também no que diz respeito às fontes e conteúdos disponíveis na internet, o que é enganoso. Considerando versões extremadas e que geram indignação é preciso, de forma a não se orientar por uma perspectiva psicologizante, considerar o meio político e cultural que produz esses sentimentos de indignação moral. Há também indícios de que muitas plataformas dão maior visibilidade a conteúdos que são ligados a perfis de direita e extrema direita, seja no Twitter[50], no YouTube[51] ou no Facebook[52]. Mais importante, considerando o contexto desses jovens, muitos fazem a leitura da existência dessas bolhas e da dificuldade de conseguir sair delas.

> Priscila: Ah, eu não gosto, eu acho uma coisa, não precisava assim. Eu entendo porque são, a gente acaba criando afinidades com quem a gente concorda os nossos ideais né? A gente raramente vai ser um uma pessoa que vota no Bolsonaro vai ser a melhor amiga de alguém que vota no Haddad, né? Construir uma amizade, assim, mas, eu acho que a gente tem que variar, como eu disse, viver numa

---

[49] Quase metade dos brasileiros que usam internet não checam se informações são verdadeiras, diz pesquisa. Disponível em: https://www.cnnbrasil.com.br/nacional/quase-metade-dos-brasileiros-que-usam-internet-nao-checam-se-informacoes-sao-verdadeiras-diz-pesquisa/.

[50] Twitter revela que seus algoritmos amplificam mais conteúdos políticos da direita. link: https://epocanegocios.globo.com/Tecnologia/noticia/2021/10/twitter-revela-que-seus-algoritmos-amplificam-mais-conteudos-politicos-da-direita.html. Acesso em: 23 maio 2024.

[51] YouTube favorece direita e Bolsonaro ao recomendar vídeos, diz pesquisa da UFRJ. link: https://dialogosdosul.operamundi.uol.com.br/brasil/76646/youtube-favorece-direita-e-bolsonaro-ao-recomendar-videos-diz-pesquisa-da-ufrj. Acesso em: 23 maio 2024.

[52] Facebook "afinou" o algoritmo para tirar visibilidade a publicações de esquerda. link: https://grupopesquisacomunica.wordpress.com/2020/11/02/facebook-afinou-o-algoritmo-para-tirar-visibilidade-a-publicacoes-de-esquerda/. Acesso em: 23 maio 2024.

> *bolha não dá, a gente tem que tentar sair um pouco da bolha e
> ouvir os dois lados. É que nem eu disse, eu tinha um ideal muito
> forte de que eu era, que eu queria aquilo, aquilo, aquilo e eu fui
> ver e eu saí um pouco da bolha e eu vi que não é isso que eu quero.
> Tem um mundo vasto de opiniões e ideias e dá pra concordar um
> pouco de cada assim.*

Além da tentativa de dialogar com o diverso, há também a busca de informações que não se restringem a um segmento específico, o que será procurado na internet. Luciana comenta sobre como faz a busca de informações.

> *Luciana: E quando eu quero pesquisar alguma coisa sozinha,
> geralmente, tem aquela **pesquisa rápida no google pra saber o que
> tá acontecendo** e eu tento pegar, eu sempre tento ler em mais de
> um site, pra evitar as imparcialidades que tem cada um. Eu acho
> que uma coisa que, algumas pessoas, poderiam tirar vantagem é
> ler o final das notícias, por exemplo, dos assuntos que, meio que ler
> as entrelinhas, porque tem muita coisa que a manchete e o corpo
> principal não vai te dizer, mas que tá lá, sabe? A minha amiga
> me mandou esses dias, tipo assim, "A China criou o vírus em
> laboratório, sei lá o que" e daí eu fui pesquisar porque [revirada
> de olhos] eu achei meio confusa a ideia e daí já no primeiro artigo
> que eu li, assim, não era nem artigo, era notícia, eu fui passando no
> final e no final falava sobre as relações dos cientistas que tinham
> tido essa ideia com o Trump, como eles tinham trabalhado sei lá
> o que, como eles tinham investido com o governo não lembro se
> era o Trump diretamente ou o governo americano, investido num
> centro de pesquisa que tinha saído a notícia. Então, tem essas coi-
> sinhas assim que, geralmente, não, tipo assim, em canais grandes
> de notícia mesmo com os problemas de parcialidade porque eles
> não deixam de fora, sabe? Se tu pesquisar mais de um, só que é
> aquilo, né? Tem que prestar atenção nos detalhes.*

Não há, necessariamente, uma imediata aceitação daquilo que é rece-bido, sendo o ceticismo uma norma entre os jovens. Quando leem ou assis-tem a alguma notícia, buscam caminhos diversos para sua verificação. Há, no entanto, uma confiança no site Google que está presente em todos que citam esse site, como apontado na fala anterior de Luciana, como se essa fonte de informação escapasse do ceticismo que é dispensado a outros meios, servindo como forma de oráculo de verificação, atribuindo-lhe a segurança ontológica que destaquei antes. Assim respondeu Fernando:

> *Fernando: Ah, **eu vou no google** ou senão eu assisto jornal, mas também não muito jornal, mas se eu vejo assim, que saiu uma coisa que eu fico "Nossa! Será?" eu vou lá no google, dou uma pesquisada, mas nem sempre também eu acabo acreditando, né? Porque a gente sabe que tem muita fake news.*

Assim como Roger:

> *Roger: **Eu coloco no google** geralmente, assim, pesquiso, porque eu não tenho muita fonte, entende? Eu não sei bem exatamente a fonte pra pesquisar, muitas vezes eu acabo na Globonews quando acompanho alguma coisa. Ahn, mas eu sempre pesquiso, porque eu não sei exatamente fontes pra adentrar, entende? Porque muitas vezes a, nos jornais eles colocam as notícias, mas coisas por cima, mas pra adentrar mesmo no assunto. Até porque é uma coisa que eu não tenho domínio ainda, como gerir um país, essas coisas todas.*

Ou Carla:

> *Entrevistador: Uhum. E quando tu quer te informar sobre algum tema, ahn, que tu acha importante na política, quais, quais são os meios, a quem tu recorre?*

> *Carla: Bom, primeiro, a primeira fonte de acesso que eu tenho até pra saber o que tá acontecendo, são as redes sociais, mas aí quando eu me interesso, eu realmente vou atrás aí **eu jogo ali no google** pra saber o que tá acontecendo e daí eu vejo outros sites, assim, realmente pra me informar mesmo e não só sair reproduzindo o que me falaram.*

Essa empresa parece conseguir fugir ao ceticismo desses jovens, talvez em razão de sua escala, do formato que possibilita as buscas e do seu histórico, assim como da invisibilidade da constituição do filtro-bolha e do rastreamento individual. Considerando a escala, para muitos de nós, suas ferramentas são de uso diário e diverso. O YouTube, onde assistimos aos vídeos, e que direciona vídeos específicos em razão da construção do algoritmo, o e-mail, o sistema de localização, a plataforma em que esse texto foi primeiramente redigido, uma das plataformas de busca de artigos acadêmicos etc. são de propriedade da empresa Google. O sistema de buscas que é utilizado para verificação é naturalizado, como se também não operasse utilizando determinado algoritmo que direcionasse a busca. Para esses jovens, em sua quase totalidade, diferentemente de gerações anteriores que tinham que realizar a pesquisa em dicionários, em bibliotecas, sem uma ferramenta de busca de conteúdos automatizado, é dado como certo, uma obviedade, que a pesquisa é realizada *"jogando no google"*, não se restringindo a essa geração, mas também às mais velhas, com a diferença que estas últimas tiveram a experiência prévia e viram o uso dessa ferramenta como novidade e não como algo dado.

Diferentemente de outros meios de informação que são postos em dúvida, como as mídias sociais, jornais, canais de tv, a empresa Google, dada sua presença em diversos aspectos, não é colocada no nível de desconfiança desses outros meios de informação, pois são percebidos enquanto tais, podendo ser este um recorte geracional no que diz respeito à busca de informações e o ceticismo que é dado a determinadas fontes e não a outras e que faz parte da forma como a divisão digital se apresenta para esses jovens.

Outra característica destacada nas entrevistas foi a percepção de como a internet, e em especial as mídias sociais, atua negativamente na autoestima dos jovens, mecanismo relacionado à dependência e círculo vicioso de seu uso.

> *Bento: Eu acho que a juventude tá passando por muita transformação um pouco movido por aquela questão das redes sociais ou acesso a informação, isso tá mudando muito a forma como as coisas acontecem, é algo que me preocupa um pouco que eu tento me controlar também. E eu acho que o recado, não é recado, mas talvez é essa visão que eu tenho, sabe? Essa questão do acesso à informação, das redes sociais, do contato tá sendo muito, tá importando muito, não sei se é bom ou se é ruim, mas tá modificando o jeito que as coisas acontecem. Essa é a minha visão, sabe? Tanta coisa vem acontecendo de uma forma muito rápida e eu não sei se a juventude tá preparada pra isso, lidar da melhor forma com isso.*

> *Entrevistador: Tu já percebeu alguma forma de mudança de comportamento em relação a isso que tu comenta?*

> *Bento: Eu acho que sim, hoje eu tenho a oportunidade de ter um convívio muito próximo, ali na escola, por exemplo. E eu vejo que essa função das redes sociais afeta diretamente a autoestima das pessoas, tem muito, muitas pessoas ali que tão no nono ano, primeira série do ensino médio que eu vejo que tão em depressão, se preocupam demais com que as outras pessoas tão fazendo, que tão postando, coisas do tipo. Então, eu acho que é isso, sabe? Psicologicamente tá afetando muito, eu percebo essa mudança.*

Bento trabalha como assistente em informática numa escola privada e, ao acompanhar os mais jovens, percebe que o uso das mídias sociais afeta negativamente a autoestima deles. Ao que parece, é um círculo vicioso. Aquilo que lhes afeta a autoestima é também um espaço de refúgio, conforme comenta Bianca.

> *Bianca: E a questão mais sobre o, a questão que hoje em dia a gente tá tendo bastante, sobre a questão do (3) do racismo que a gente tá ainda tendo né (inaudível) muito sobre a questão do racismo e sobre a homofobia e (2) preconceito com todos, né? Com o biótipo do corpo, com uma cor, com a classe social. Eu acho que também uma coisa muito importante que a gente tá tendo hoje bem, tão dando bastante ênfase nisso na questão da internet, das redes sociais que eu acho que também tem muita gente na questão que fica só no celular, mas também tem uma autoestima muito baixa, só com muito preconceito, então, eu acho que a questão da internet, das redes sociais muitas vezes é fuga pra essas pessoas.*

Há, além da percepção dos efeitos negativos na autoestima dos jovens, duas outras constatações negativas por parte dos entrevistados em relação ao uso da internet e em especial ao uso das mídias sociais: a violência, seja em relação aos conteúdos ou a forma como as pessoas se posicionam sobre determinados assuntos, e o tempo excessivo de uso, compreendido como vício.

Considerando os conteúdos, percebe-se a divulgação de temas violentos nas mídias sociais sem o cuidado para temas sensíveis e que não foram desejados, como comenta Geison:

> *Geison: É que uma vez, ahn, eu fui lá no facebook, primeira notícia que apareceu no meu celular foi o, foi aqui mesmo, tipo, o outro cara matou outro, não sei é que eu não olhei, não fiquei vendo, tipo, qual razão exatamente, mas acho que é uma coisa de facções, essas coisas assim, aí ele matou outro. Bah! Ah, eu sei que existe essas coisas, mas aí, não quero ficar vendo isso, aí eu preferi ficar no whatsapp. Eu acho que é falta de, de, ahn, de respeito também que eu posso falar isso porque o, aqui que eles aceitam que essas coisas pode (incompreensível) na rede social, devia ter mais segurança porque tem criança também, tipo, ah, não sou criança, ah, eu tenho, tipo, eu não sou criança já tenho, vinte anos, foi ano passado que eu vi isso e já tinha, eu tive dezenove anos, entendeu? Aí vendo essas coisas, eu tenho dezenove anos e to vendo essa coisa aquilo e não fico bem, imagina uma criança com cinco anos que pegou o celular da mãe dele, entendeu? Que vai lá, a mãe emprestou, ela deixou o filho pegar o celular, aí pegou o celular, vai no facebook,*

olhando essas coisas acho que é ruim. Devia ter mais segurança, devia ter mais pessoas trabalhando fazendo ah, pra divulgar isso que é apagar pra não deixar as pessoas ver, devia ser assim, mas, ah, fazer o que?

Outra questão, possivelmente relacionada à escolha dos temas divulgados, é o comportamento que as pessoas adotam na comunicação nas mídias sociais, buscando a comunicação e o impacto a partir do número de visualizações, o que ocorre, geralmente, a partir de conteúdos que buscam chocar.

Iris: não sei se tu ficou sabendo, foi uma coisa assim, que rolou e foi bem, bem comentado que é de uma mãe que fazia uma criança fazer vídeos, é, pro youtube, era vídeos meio humilhantes, eu esqueci como é que é o nome da criança, mas era tipo uma coisa assim de ficar jogando água na cara da filha dela.

Tal lógica é replicada também na forma de se expressar politicamente nas mídias sociais, o que levou muitos dos jovens a evitar comunicar-se ou emitir opiniões políticas nessas plataformas, de forma a evitar "tretas". Laís expressa em sua fala como a comunicação política leva à produção de sentimentos negativos em razão da discussão política.

Laís: No momento eu to utilizando mais o instagram e o tiktok. Eu, ano passado, se tornou, ah, o ano passado eu comecei a usar o twitter, eu acho o twitter totalmente tóxico usando uma gíria bem, bem atual , eu fiquei um tempo bem mal ano passado, fiquei uns dois meses assim, bem mal, absorvendo notícias extremamente ruins do twitter, não mexia porque eu não sabia mexer, a partir do momento que eu comecei a aprender, eu quis anular isso da minha vida, eu, teve o caso, eu comecei a pegar, ahn, raiva, sentimentos ruins olhando argumentos das pessoas porque quando se junta uma pessoa só ou um grupo só de pessoas no twitter é só atacando, só cancelando, só, ahn, martirizando e obrigando, enfim, ditando alguma coisa pra uma pessoa que isso eu não acho legal.

Sentido similar é atribuído por Lauro, que comenta sobre as repercussões do debate nas mídias sociais.

Lauro: É, hoje em dia eu to tentando sair um pouco do twitter, eu uso bastante twitter, mas to tentando sair um pouco porque é bem tóxico, né? Pra mim, é bem tóxico. Eu tenho usado mais o instagram mesmo pra publicar meus trabalhos e divulgar assim, né?

Entrevistador: Uhum. E por que, pode me explicar por que o twitter pra ti te parece ser um ambiente tóxico?

> *Lauro: Porque, ahn, é complicado assim de, de tu, por exemplo, há pouco tempo atrás teve o caso da Mari Ferrer, acho que é o nome, a menina que foi violentada e tudo e assim, tu abre um post e tem comentários de tudo que é tipo, entendeu? Tem gente de tudo que é tipo lá, falando tudo que quer. Existem muitas coisas no twitter, existem. Tu vai lá e tu denuncia tudo, mas até tu denunciar, até agir, demora um pouco, então, tipo assim, se tu tá num post que já pegou mais de, um pouco mais de visualização, sabe? Que atingiu bastante público, vai ter comentários de todos os tipos, vai ter coisas assim que, não tem como tu ler e não sair bem dali, entendeu?*

Isso ocorre, novamente, pelo formato das mídias, que tende a dificultar o diálogo e que dá lugar a formas de expressão que buscam visibilidade e reações que servem, no final das contas, para dar o sentimento de satisfação individualista.

> [...] tais redes incentivam práticas competitivas por meio de posts, reposts, curtidas e comentários, que constroem, assim, uma espécie de "ranking" social dos usuários através da quantidade de seguidores e de respostas positivas às suas postagens. No campo progressista, isso tem se traduzido em mostrar-se sempre mais virtuoso, moral e punitivista do que os outros – o que se traduz nas constantes "tretas" e "cancelamentos" que dilaceram a esquerda e dificultam a construção de coalizões (Miskolci, 2021, p. 8).

Por fim, foi comum também a percepção de "tempo perdido" nas mídias sociais, relacionando-se com as análises que identificam mecanismos que criam adicção no seu uso.

> *Marianne: Aham, ahn, antes eu usava muito mais redes sociais, tanto que eu me apavorada com as estatísticas da, que algumas redes sociais que dá pra ver quantas horas tu usa e aí eu via que, tipo, eu perdia quatro horas só em rede social e nossa! Isso me apavorava. Então, teve um tempo que foi o tempo mais produtivo da pandemia que eu tive que eu realmente pensei: "não, vou me desligar totalmente" e fiquei, cara, eu me sinto muito orgulhosa de lembrar que eu fiquei uma semana inteira sem mexer no meu celular, sabe? Isso foi fantástico pra mim e eu queria continuar com isso, ahn, tanto que, ahn, mais pro meio da pandemia eu até consegui ser um pouquinho mais produtiva, eu comecei a acordar mais cedo, a fazer meditação e tudo mais. Isso me ajudou a ficar um pouco longe das redes sociais, mas é difícil, é difícil, como se fosse um vício, uma droga que alimenta o cérebro e dá prazer e, não sei, é que quando a gente mexe dá muito prazer, mas aí depois*

> quando acaba a cabeça dói e a gente pensa: "putz, eu gastei todo o meu tempo nisso", sabe?

É interessante a descrição da relação estabelecida com as mídias sociais por Marianne, que se diz orgulhosa por ter ficado uma semana sem mexer no celular e sua percepção das redes sociais "como se fosse um vício". Paulo também comenta sobre o uso das redes como algo que quase lhe escapa do controle.

> Entrevistador: E teve alguma coisa em específico que te levou a ter vontade de desligar esses aplicativos?

> Paulo: Ah, eu acho que foi várias coisas, a primeira que quando eu vi eu já tava querendo olhar bastante pro celular, aí eu já percebi e falei "isso não é muito bom", aí já me deu vontade de tirar. Aí eu, é, ficava toda hora mandando alguma coisa, as notificações, né? Aquela coisa tudo, aí eu comecei a olhar e "bah cara, não preciso muito disso no momento, não to mais afim" aí eu saí.

Paulo também menciona essa percepção negativa. Quando fala "aí eu saí", tem um sentido significativo de como a relação com as redes sociais se estabelecem. Fisher (2023) analisa os esforços das *big techs* de tentar manter o maior tempo possível seus usuários conectados, o que é sentido por esses jovens. Gustavo percebe como essas mídias disputam o seu tempo diário.

> Gustavo: Ah, o facebook eu deixei por causa que, ahn, eu tinha mais coisa, né? Ahn, mais coisas apareciam, mas coisas que eu tinha curtido, então, aparecia muito mais coisa, então, logo se aparece mais coisa acaba que tu tem que responder mais coisa, tem que se envolver com mais, com mais posts e comentários e tudo mais. Mas, o instagram é, é que eu penso que o dia já é muito curto, aí se tu fica esses vinte minutos pra mim já é, tipo, o máximo porque tu tá, é um tempo perdido, de certa forma, tu não vai conseguir voltar atrás daquele tempo. Do meu pensamento é meio louco, né? Mas, eu já, por isso que prefiro menos tempo, mais tempo talvez com a família, mais tempo estudando, mais tempo fazendo alguma leitura, sei lá, da bíblia, de algum livro que me chame atenção, um livro que seja interessante. E aí por isso que eu meio que dei uma diminuída pra, dei uma diminuída não, sempre foi, nunca fui de usar muito pra conseguir fazer meu dia render mais. Aí se meu dia rende mais, eu consigo fazer mais coisas, né?

Sara narra sua dificuldade em deixar de usar ou pelo menos reduzir o tempo de uso citando os mecanismos de adição das plataformas e de "como é fácil se perder" nesses mecanismos criados para consumir seu tempo.

> *Sara: Eu, eu uso o whatsapp, né? Pra conversar mais com, eu não tenho muito o que fazer no whatsapp, a não ser conversar, né? @(.)@ E eu uso muito o instagram e o twitter. Ahn, e agora, né? Nesse momento, especialmente no momento aonde eu não estava estudando e não tendo nenhum tipo de movimento na minha vida, sem ser ficar deitada e ver alguma coisa, eu, eu acabei me viciando bastante em ter aberto o tempo inteiro, sabe? E ficar recebendo informação o tempo inteiro, eu precisava disso, assim. E, mas, ao mesmo tempo, por mais que eu passe, né? Muitas horas ali, né? Eu, especialmente, no instagram eu acho que é porque é muito fácil de se perder, porque tu abre um stories e daqui a pouco tu passou quarenta minutos vendo, tipo, todas as pessoas que tu segue, sabe? E, recentemente eu baixei o tik tok porque memes, né? Tik tok é uma rede ahn, polêmica, mas é muito fácil de tu ficar quarenta minutos nele porque tu começa com vídeo, daí ele vai descendo sozinho, tu não precisa nem botar um dedo na tela e tu fica, sabe? E é meio que, eu gostaria de dar uma higienizada, nisso, assim, mas eu acho que aos poucos, agora que eu to tendo mais, coisas na minha semana, eu to fazendo isso aos poucos assim, mas eu tento deixar uma relação, tecnicamente saudável, tipo, eu não preciso, sei lá, me expor todos os dias, eu não preciso, ahn, eu também tento realmente não me comparar muito com as pessoas, eu já to com essa cabeça assim, sabe?*

Parece ser da consciência dos jovens que essas plataformas geram vício. Ao mesmo tempo, como fala Isadora, elas lhes oferecem informações que percebem como úteis e que é de sua responsabilidade ter um autocontrole para estabelecer um uso sadio dessas mídias, significando um controle do uso do tempo.

> *Isadora: Eu utilizo o whatsapp bastante assim, diariamente, pra conversar com as pessoas, né? Não que eu goste muito que, sinceramente assim, acho que se fosse por mim, eu pegava aquele celularzinho anos 2000 e colocava um monte de lantejoula e usava aquilo mesmo, sabe? Porque, sei lá, eu acho que toma muito tempo da gente, as redes sociais tomam muito tempo, não acho que seja uma coisa saudável, eu também não sou a tiazona que fica assim: "Ai tu usa redes sociais? Não, mas isso não faz bem", sabe? Tipo, eu acho que é legal é ter uma ótima forma de tu te informar, tu saber como as pessoas tão agindo assim, o que tá acontecendo no*

mundo até, né? O twitter, por exemplo, às vezes, tu vê as pessoas debatendo sobre as coisas, claro, né? Não é aquele super debate político com embasamento, né? Científico assim, teórico, mas tu vê, às vezes, as pessoas conversando assim, sobre as coisas e tal. Eu mexia bastante no facebook uns dois anos atrás, mas agora eu não mexo mais, eu até mexo, mas é, tipo, uma vez por mês assim, só pra ver se tem alguma coisa diferente. Twitter eu mexo muito de vez em quando. Instagram muito raramente também. Eu mexo no Tiktok, Tiktok eu mexo, mas eu tenho, eu sempre cuido bastante pra ver o conteúdo que eu to consumindo assim, sabe? Teve uma época, ano passado, logo assim, que começou a pandemia, todo mundo começou a usar o tiktok, né? E aí eu instalei também e os conteúdos que apareciam pra mim eram assim, tudo sobre comprar assim, sabe? Incentivando aquele consumismo assim, muito louco que tu fica: "Nossa, eu preciso dessa cinquenta coisas completamente úteis que eu nunca vou usar, sabe?". Ahn, e aí ano passado eu fiquei nessa coisa de instalar, desinstalar, instalar, desinstalar e agora esse ano até desinstalei uma vez, mas agora decidi que eu não vou desinstalar porque eu tenho que ter autocontrole, eu não posso passar seis horas seguidas mexendo no tiktok, eu tenho que fazer as minhas coisa, né? E também eu cuido o que eu to olhando assim, porque tem toda a questão do algoritmo, né? Se eu ficar interagindo demais com vídeos que eu não gosto o tiktok pode entender que eu gosto, sabe? Então, tipo, sei lá, se eu vejo um vídeo sobre comprar coisas, eu já fico (gesticula com o dedo pra cima) sabe? Já passo assim, sei lá, eu tento seguir pessoas assim, que tenham ideias mais parecidas com as minhas, enfim. Tento curtir vídeos só com coisas que realmente gosto, sabe?

Considerando o *TikTok,* mídia social citada por Isadora, Luciana traz um argumento sobre o seu uso relacionado ao algoritmo, que "mostra o que tu quer ver", demonstrando ter conhecimento dos mecanismos de construção e indução de conteúdos e lhes atribuindo um peso positivo, ao mesmo tempo que percebe também como esse aplicativo é viciante.

Luciana: Eu uso muito e até demais um pouco, principalmente agora, o tik tok. O tik tok, assim, eu sou completamente viciada e não consigo nem ficar com vergonha de dizer porque eu acho muito @(.)@ o algoritmo do tik tok ele é muito bom em te mostrar o que tu quer ver, sabe? E eu acho que se criou no tik tok meio que um espaço muito livre das pessoas falaram coisa que assim, tu nunca ia nem pensar em falar para as outras e que é uma coisa que todo mundo passa junto, sabe? Sem saber. Então, tipo, experiências que tu pensa: "Como assim não sou só eu que fiz

> *isso?" sabe? Essas coisas idiotas aí, eu acho muito engraçado. E também é um espaço muito bom pra mim de, tipo assim, ele te dá oportunidade de tu ter tanto nos dias que tu não quer ver nada de política, tá passando e tipo, ele filtra pra ti, quanto nos dias que acontece alguma coisa importante, ele te dá vários pontos de vista de pessoas, principalmente, parecidas contigo, mas também com uma função de dueto com oposições assim. Então, uma pessoa faz um vídeo, outra dueta, meio falando o que ela supõe assim, e eu acho legal isso de poder ouvir vozes pequenas, sabe? De ter esse tipo de informação ali, mas eu também uso muito só pra besteira assim, não sou tão culta, né?*

Muitos dos efeitos da internet e mídias sociais apresentados, como a percepção de uma maior dificuldade de diálogo, sentimentos negativos, dificuldade de não utilizar as mídias sociais, não serão uma exclusividade dessa geração, podendo ser uma mudança societal. Pesquisa realizada pelo DataSenado em 2019 constatou que as redes sociais influenciam a decisão no voto de 45% da população[53]. Outra pesquisa realizada em 16 países pela Ipsos e Unesco em 2023 verificou que 56% dos usuários de internet têm como principal fonte de informação as mídias sociais, mas mantêm um nível de desconfiança de 68% em relação a elas. Ainda, tem um maior nível de confiança nas fontes tradicionais de informação (66% na televisão, 63% no rádio e 61% em jornais)[54]. Outra pesquisa aponta haver maior desconfiança nas mídias sociais e uma maior confiança nos buscadores[55]. O que se percebeu de específico nos jovens pesquisados é um maior ceticismo em relação às mídias tradicionais e também nas mídias sociais. No entanto, parece ser um fenômeno ubíquo, atingindo todas as gerações de modo variável.

---

[53] Redes sociais influenciam voto de 45% da população, indica pesquisa do DataSenado. Disponível em: https://www12.senado.leg.br/noticias/materias/2019/12/12/redes-sociais-influenciam-voto-de-45-da-populacao-in-dica-pesquisa-do-datasenado. Acesso em: 23 maio 2024.

[54] "Eleições e redes sociais: a batalha contra a desinformação e os problemas de confiança. Disponível em: https://www.ipsos.com/pt-br/eleicoes-e-redes-sociais-batalha-contra-desinformacao-e-os-problemas-de-confianca. Acesso em: 23 maio 2024.

[55] 66% dos que usam buscadores confiam na informação que encontram. Disponível em: https://www.getapp.com.br/blog/3682/pesquisa-confianca-redes-sociais. Acesso em: 23 maio 2024.

7

POSIÇÕES POLÍTICAS: PERFIL E COMPORTAMENTO DAS UNIDADES GERACIONAIS

A análise do pertencimento ideológico se deu a partir de apresentação de tabela de autoidentificação ideológica para os respondentes no formulário aplicado nas escolas em 2019. Foi solicitado que respondessem à pergunta *Como você se identifica politicamente, considerando que na escala abaixo o 1 seria a extrema esquerda e o 10 a extrema direita?* Suplementarmente, havia as alternativas *não me identifico com nenhum* e *não sei informar.* O objetivo inicial foi verificar se essa identificação seria relevante para os respondentes, o que seria identificado pela resposta na escala e também de sua rejeição ativa a partir da opção *não me identifico.* Tal opção infere o entendimento da escala e sua rejeição, requerendo a partir daí compreender o significado disso. Como se viu, a partir das entrevistas (que apresentarei na análise qualitativa) é possível definir que esses jovens apresentam uma orientação individualista e afastamento proposital da política, o que será explorado adiante. Quem respondeu *não sabe* ou simplesmente não opinou foi descartado dessa análise por não pertencer, em meu entendimento, à *geração como atualidade,* pelo menos no que diz respeito às questões que tratam da política, e assim não apresentando de forma ativa uma visão de mundo sobre o tema. Relacionando à construção teórica, portanto, compreende-se que a posição geracional corresponde à presença em um período sócio-histórico. A conexão geracional é o envolvimento e participação nos eventos de dado período e, por fim, as unidades geracionais constituem de que forma esse envolvimento e participação se dá. No momento da resposta, portanto, aqueles jovens que responderam *não sei* pertencem à geração somente no que diz respeito à posição. Ademais, compreendo ser importante a identificação ideológica, pois parto do princípio de que as visões de mundo não significam somente como identidade, a forma como se veem, mas diz respeito às maneiras e posições das quais observam o mundo social e, consequentemente, de que forma pretendem agir ou deixar de agir sobre ele.

O questionário foi aplicado em 2019. Do total de 2.169 respondentes, 1.566 se localizaram na escala ou na opção não me identifico, sendo, portanto, significativa a autoidentificação para 72,2%. A seguir, agrego as posições da escala de 10 pontos em seis: extrema esquerda (1 e 2), esquerda (3 e 4), centro (5 e 6), direita (7 e 8), extrema direita (9 e 10) e não se identifica.

Tabela 1 – Posicionamentos políticos

Extrema esquerda	Esquerda	Centro	Direita	Extrema direita	Não se identifica
8,8%	21,7%	21,5%	15,8%	5,5%	27,0%

Fonte: o autor

Chama atenção o alto número daqueles que rejeitam a identificação ideológica (27%). Como comentei antes, é possível, a partir das entrevistas, inferir que se trate de uma orientação específica, não significando necessariamente uma homogeneidade no todo, mas percebem-se orientações coletivas no que diz respeito à política. Está, de todo modo, como se verá, presente uma coerência na maioria das respostas, o que leva à identificação como um perfil específico. Diferentemente daqueles que ignoram ou desconhecem essa definição (não sei: 27,8%), a rejeição pode ser também, considerando o contexto da análise, do desejo de afastar-se da polarização, algo mais presente naqueles que se identificam ao centro, mas muitas respostas desse grupo indicam uma postura de rejeição à política e muitas posições próximas à direita, o que pode indicar a presença do senso comum conservador (Chauí, 2019). Há alguma diferença quantitativa a mais para o total de jovens à esquerda (9,2%), mas, considerando a coerência das respostas às perguntas projetivas, o grupo *não se identifica* tem um perfil mais próximo aos jovens da direita. A análise das questões projetivas foi feita observando a frequência das respostas estratificadas pela escala ideológica. De modo geral, nesta parte procuro entender os processos de socialização política e sua possível relação com espaços de sociabilidade, assim como a influência de fatores como a conversa sobre política, considerando variável interveniente a posição ideológica dos jovens questionados.

Uma questão importante sobre a socialização política é a existência de uma visão dos jovens como sujeitos passivos nesse processo, cabendo à escola, familiares e mídia um papel de instrução. Tal visão é ainda presente tanto no senso comum quanto em análises que incorporam tal perspectiva adultocêntrica, ignorando ou reduzindo sua capacidade de agência (Andersson, 2015). Tendo em conta suas capacidades de agência, considera-se que a socialização política ocorre principalmente junto à família, considerada primeira instância de socialização (Quintilier; Hooghe; Badescu, 2007), a escola, a mídia e os pares (amigos, colegas), o que não considerará como processo desprovido de protagonismo por parte dos jovens (Tomizaki; Silva, 2021) e tampouco uma competição entre esses diferentes contextos (Amna; Ekstrom; Kerr; Satttin, 2009). É uma perspectiva interessante e que percebi nas entrevistas. É preciso considerar, no entanto, que a capacidade de agência por esses jovens será diferente de acordo com determinadas variáveis. Se por agência compreendemos a possibilidade de decidir ou agir, será mais restrita, por exemplo, em uma casa em que um jovem não se sente seguro em emitir sua opinião ou se expressar, seja por violência física ou simbólica. Uma jovem entrevistada disse que não se sente confortável em falar sobre política em sala de aula porque os meninos são dominantemente bolsonaristas, o que a deixava com medo. A passividade poderá estar presente, portanto, a depender das possibilidades ou do desejo de agir dessa maneira e constituindo-se, assim, num *habitus* específico, relacionado à determinada visão de mundo e constituída a partir da sua inserção no mundo social. Ainda, é preciso considerar o contexto em que ocorre a socialização política, mais especificamente se permitem ou possibilitam a ocorrência de debates e participação política.

De todo modo, parto da premissa da não passividade necessária dos jovens e da socialização política como algo presente no cotidiano e que ocorre geralmente na família, escola, mídias e pares e variável de acordo com a visão de mundo. Antes de seguir é importante definir socialização política, sendo oportuna a definição de Andersson que a compreende como

> [...] um processo no qual as pessoas desenvolvem relações sociais e afiliações cívicas, diferentes preferências políticas, atitudes e competências sociais [...] o processo pelo qual as pessoas adquirem atitudes políticas relativamente permanentes e disposições comportamentais; alternativamente, como mecanismo para a manutenção de um democracia, uma ditadura ou outras instituições de governo, um sistema de sobrevivência que criará cidadãos leais que apoiarão o sistema político existente (Andersson, 2015, p. 3).

Tal processo ocorre então, de modo variado, mas principalmente nas relações com a família, a escola, as mídias, os pares, entre outros. A família é considerada como primeiro e mais importante espaço de socialização política para crianças e jovens pela literatura clássica internacional sobre o tema e, de modo geral, "pessoas jovens de fato tendem a compartilhar as preferências e crenças políticas dos seus familiares, e a correlação entre atitudes dos familiares e seus filhos geralmente é forte" (Quintilier; Hooghe; Badescu, 2007, p. 3). Tal correlação não é mecânica, sendo mais provável quando os familiares participam de atividades políticas e também quando a família é aberta ao debate político, sem manter, portanto, uma atitude autoritária.

No que se refere à escola, não é comum tratarmos no Brasil sobre educação cívica da forma como é abordada nas pesquisas em países europeus, que dão maior centralidade ao tema, dado o histórico da ditadura militar (1964-1985), que impôs esse tema como disciplina e num viés conservador e autoritário, também tratando da moral desejada à época pelos militares e desestimulando a participação política num sentido democrático e centrada na ideia de segurança nacional (Abreu; Inácio Filho, 2006). Talvez por essa razão haja uma assistematização disciplinar na constituição do debate no ambiente escolar no país de temas relacionados à política, cabendo, como se viu nas entrevistas, às disciplinas de Sociologia, Filosofia ou História tratar de discussões variadas sobre política. É, no entanto, uma preocupação presente na formulação de políticas educacionais, mas que tendem a ignorar a participação dos jovens, o que leva ao desinteresse deles (Leão; Santos, 2018).

Mesmo sem uma sistematização disciplinar ou de conteúdos a escola é um espaço central para a constituição de conhecimento político, compreendido como aquelas "habilidades e informações sobre o sistema político, influenciando como os cidadãos percebem, armazenam e utilizam novas informações que podem ser relevantes para tomar decisões políticas" (Castillo; Miranda; Bonhomme; Cox; Bascope, 2014, p. 19, tradução nossa) e principalmente para esses autores pela possibilidade de se constituir a escola num ambiente que possibilite a experiência democrática ao proporcionar possibilidades de lidar com a divergência, participação política e tomada de decisões, o que ocorre na interação com colegas e professores, o que denominam por clima de classe democrático (Castillo; Miranda; Bonhomme; Cox; Bascope, 2014, p. 20). Mais ou tão importante quanto o nível de escolarização, é preciso considerar o ambiente educacional (Tomizaki; Silva, 2021), ou seja, se é presente a possibilidade de participação e debate democrático e a visão que é construída pelos jovens em relação a esse processo. Em síntese, não um maior nível escolar que constituirá uma maior propensão à valorização da democracia, mas a constituição de espaços democráticos, sendo a escola um desses. A título de exemplo, também o entendimento da presença cotidiana, seja em atividades ou conversas sobre política como central para o desenvolvimento de um éthos democrático em ambientes variados (Andersson, 2015; Ekström, 2015), é um dos pressupostos de que parto, sendo a conversa sobre política um mecanismo importante de constituição da identidade política (Ekström, 2015) que, como tratei antes, não diz respeito a performatividade, mas a questões que dizem respeito ao cotidiano, necessidades, formas de opressão ou oprimir etc.

Na busca por identificar possíveis variáveis que demonstram agência política por parte dos jovens, a primeira pergunta que analisei foi sobre a participação em grupos dentro ou fora da escola. Mais especificamente, buscava identificar, primeiro, se havia diferenças considerando a identificação ideológica no engajamento em atividades coletivas e, posteriormente, se havia participação em organizações políticas como um possível indicador do interesse em política e também como forma de analisar a socialização política para além do ambiente escolar.

Tabela 2 – Participação em grupos dentro ou fora da escola (até duas opções)

	Não se identifica	Extrema esquerda	Esquerda	Centro	Direita	Extrema direita
Não participa	56,51	47,44	47,58	44,76	35,02	45,16
Organização política	1,55	8,97	6,45	3,66	2,53	0,00
CTG	2,43	2,56	1,34	1,57	3,25	3,23
Dança	5,30	7,05	4,84	4,19	2,53	3,23
Artes cênicas	1,32	3,21	3,76	1,31	0,72	0,00
Musical	4,64	5,13	5,65	6,54	5,42	1,08
Religioso	7,73	9,62	8,06	10,47	10,47	12,90
Esportivo	20,53	16,03	22,31	27,49	40,07	34,41
NO	–	–	–	–	–	–
TOTAL	100,00	100,00	100,00	100,00	100,00	100,00

Fonte: o autor

O índice de não participação é mais alto em todos os agrupamentos ideológicos, sendo significativamente superior no agrupamento *não se identifica*. É interessante o número mais baixo entre jovens de direita (35,02%), o que atribuo ao maior número de participantes de grupos esportivos (40,07%).

Uma variável que interfere na maior participação nesse item é renda, o que verifico a partir da ocupação dos familiares e pelo tipo de escola. O *não se identifica* tem também o menor número de participantes em organizações políticas (1,55%), sendo o maior entre os de extrema esquerda (8,97%). É, de modo geral, baixo o engajamento em organizações políticas.

O próximo item que analisei foi o interesse em política, o que foi analisado a partir, primeiro, do hábito ou não de conversar sobre política. Há correlação entre o hábito de conversar sobre política com maiores índices de participação política (Levy; Akiva, 2019).

Tabela 3 – Frequência com que conversa sobre política

	Não se identifica	Extrema esquerda	Esquerda	Centro	Direita	Extrema direita
Às vezes	29,08	40,58	53,43	47,48	56,28	45,98
Não opinou	0,95	–	–	0,30	0,40	–
Nunca	27,19	9,42	1,49	10,68	4,05	14,94
Raramente	39,48	15,94	16,12	35,01	30,36	21,84
Sempre	3,31	34,06	28,96	6,53	8,91	17,24
TOTAL	100,00	100,00	100,00	100,00	100,00	100,00

Fonte: o autor

O grupo *não me identifico* (NI) é o menos propenso a conversar sobre o tema, seguido pelos de extrema direita (ED). Dos NI, 27,19% declararam nunca conversar sobre política, ficando os de ED em 14,94%. Após, são os jovens de *centro* (C) que no conjunto das variáveis se mostram mais distantes que aqueles da *direita* (D). Os que mais conversam sobre política são os jovens de esquerda, conversando sempre sobre o tema 34,06% na extrema esquerda (EE) e 28,96% na esquerda (E). Se assumirmos que a conversa sobre política leva a um maior engajamento e maior interesse na política e na democracia, percebe-se uma forte influência da visão de mundo a partir dos recortes das unidades geracionais. Jovens que declaram não se identificar são os mais afastados da conversa sobre política, enquanto os da esquerda são os mais propensos a tratar do tema sempre. Somando conversa sempre e às vezes sobre o tema, obtém-se o seguinte resultado: EE - 74,64%, E - 82,39%, C -

65,18%, D - 63,22% e NI - 32,39%. Estes últimos são também os que em maior proporção afirmam nunca conversar sobre política – 27,19%.

A próxima questão buscou identificar a importância daquelas relações e instituições compreendidas como mais importantes para socialização política, questionando-se as circunstâncias em que conversam sobre política.

Tabela 4 – Quando e com quem conversa sobre política

	Extrema esquerda	Esquerda	Centro	Direita	Extrema direita	Não se identifica
Em casa	44,20	37,01	36,50	43,32	41,38	33,57
Lugar nenhum	7,25	8,06	8,90	4,05	9,20	21,99
Na escola	38,41	51,64	45,99	41,70	35,63	35,22
Na internet	6,52	7,46	5,64	8,50	10,34	5,20
Não opinou	3,62	3,28	2,97	2,43	3,45	4,02
Total	100,00	100,00	100,00	100,00	100,00	100,00

Fonte: o autor

Os dois principais locais para conversa sobre política em todos os grupos são a casa e a escola, com alguma variação a depender da posição política. A maior diferença está nos jovens de esquerda, que têm a escola (51,64%) como espaço mais relevante do que suas casas (36,50%). Os jovens NI têm novamente uma maior rejeição ao tema, com 21,99% declarando não conversar em lugar nenhum, sendo os mais próximos neste tópico os de ED, com 9,20%. Destacam-se os baixos índices da conversa pela internet em todas as posições, sendo a maior, mesmo em um baixo valor, nos de ED (10,34%). No início dos anos 2000 era presente o debate sobre o papel da internet como um outro espaço de socialização e da perda da importância das instituições "tradicionais", em especial família e escola. Para esses jovens e tratando-se de política não é o caso, muito provavelmente, hoje, conforme relatado nas entrevistas, pela agressividade presente no ambiente on-line e pela desconfiança em relação às fontes de informação. Percebe-se aqui a continuidade da centralidade da família e escola como principais espaços para socialização política.

Em relação à família, uma possível variável interveniente é a existência da constituição de um *habitus* ou pelo menos exemplos de participação política. A existência de familiares que tenham participado ou participem de atividades políticas pode ser um indício de maior interesse no tema. Assim, questionou-se se há na família alguém que já tenha participado de alguma atividade política, explicando aos jovens que poderia ser passeata, abaixo-assinado, filiação partidária ou participação em organização não governamental.

Tabela 5 – Participação de familiar em atividades políticas (até 2 respostas)

	Não se identifica	Extrema esquerda	Esquerda	Centro	Direita	Extrema direita
NO	--	–	0,26	0,54	--	–
Não sabe	24,04	14,11	13,39	23,24	20,96	17,04
Sim	25,18	64,12	54,07	39,74	42,28	32,96
Não	49,2	21,77	32,28	36,48	36,76	50
Total	100	100	100	100	100	100

Fonte: o autor

Há uma continuidade decrescente nas respostas positivas da extrema esquerda à extrema direita, sendo os que não se identificam com o menor índice, ficando, em ordem dos que têm familiares que participaram de atividades políticas, os de ED - 64,12%, E - 54,7%, D - 42,28%, C - 36,48%, ED - 32,96% e NI - 25,18%. Nas respostas negativas, os que não se identificam e os de extrema direita apresentam os maiores índices (49,2% e 50%, respectivamente). Se a argumentação desenvolvida até aqui estiver correta, o exemplo familiar de participação política em combinação com a posição política parece indicar que a rejeição política está mais presente na extrema direita e nos que não se identificam, os quais parecem, pelos dados, afastados propositalmente do debate político, sendo o exemplo familiar uma variável importante.

Nas duas próximas tabelas procurei analisar o envolvimento político dos jovens na escola como forma de procurar identificar o interesse imediato em tomar conhecimento de eventuais questões públicas que lhes são próximas. A primeira questão deste tópico diz respeito ao interesse de ter informações e participar das decisões de questões importantes para suas escolas.

Tabela 6 – Interesse em obter informações e participação nas decisões que dizem respeito à escola

	Não se identifica	Extrema esquerda	Esquerda	Centro	Direita	Extrema direita
Não	31,21	16,67	11,94	16,02	25,10	22,99
Não sei	18,20	14,49	13,73	17,21	15,38	22,99
Não opinou	0,24	0,00	0,59	0,30	0,00	2,30
Sim	50,35	68,84	73,74	66,47	59,51	51,72
Total	100,00	100,00	100,00	100,00	100,00	100,00

Fonte: o autor

De modo geral, há um interesse em ter maiores informações e participar das decisões da escola, sendo o índice mais baixo os jovens que não se identificam (50,35%) e os de extrema direita (51,72%), chegando no índice mais alto entre os jovens de esquerda (73,74%) e com valores próximos aos de extrema esquerda (68,84%) e de centro (66,47%). Pode-se confirmar que é um desejo generalizado, o que denota a pouca abertura dada à participação política dos jovens nas escolas no que se refere aos processos decisórios. Seguindo a lógica dos dados até agora, aqueles que ativamente rejeitam a participação são, em primeiro lugar, os que não se identificam (31,21%) seguidos pelos de direita (25,10%), um pouco à frente na rejeição dos de extrema direita (22,99%). Além do interesse, procurei identificar aqueles espaços de possível participação política na escola de modo a determinar se há coerência entre esse desejo de maiores informações e a participação política de fato.

Tabela 7 – Funções exercidas na escola

	Não se identifica	Extrema esquerda	Esquerda	Centro	Direita	Extrema direita
Nunca exerceu	60,83	44,76	44,64	22,49	56,97	65,91
Outra atividade	1,61	3,50	3,19	0,94	1,59	1,14
Representante de classe	28,34	41,26	42,03	70,82	33,07	30,68

Grêmio estudantil	7,83	10,49	9,86	5,49	7,17	2,27
Não opinou	1,38	0,00	0,29	0,27	1,20	0,00
TOTAL	100,00	100,00	100,00	100,00	100,00	100,00

Fonte: o autor

O dado curioso aqui é o maior índice de participação dos jovens de centro como representantes de classe (70,82%), superior em quase 30% em comparação com jovens de esquerda (42,03%), segundos colocados nesse item. São, portanto, os jovens de centro os que mais exercem alguma atividade participativa na escola e que nas outras questões mantiveram-se como média entre a esquerda e direita, denotando, talvez, um *habitus* mais pragmático e, ao pensar nessa atividade, uma representação mais dialógica. A participação em grêmio estudantil, o que se pode identificar como atividade mais política, apresenta baixos índices em todos os espectros ideológicos, sendo o mais alto entre jovens de extrema esquerda (10,49%) e o mais baixo entre os de extrema direita (2,27%). É interessante destacar que em algumas escolas não há grêmio estudantil, como nas escolas privadas e em algumas escolas estaduais.

Por fim, foi feito um questionamento em sentido duplo: quais assuntos devem ser debatidos em sala de aula e quais assuntos não devem ser debatidos em sala de aula. Em primeiro lugar pretendi verificar o nível de abertura ao debate ao pôr entre as opções, no primeiro caso, a opção *todos os assuntos devem ser debatidos* e no segundo a opção *nenhum assunto deve ser debatido*. Foi interessante a reação de muitos estudantes ao questionário, que se indignaram de não haver a opção *todos os assuntos devem ser debatidos*, na parte em que se questionavam os assuntos que *não deviam ser debatidos*, decidindo então escrever tal opção. Admito que esse levante foi uma feliz surpresa. O segundo objetivo era observar quais questões poderiam aparecer como mais importantes, considerando os contextos desses jovens, e, por fim, quais questões poderiam aparecer como interditadas, considerando em especial o momento político do país à época da aplicação do questionário – 2019 – e o que observamos ainda hoje, especificamente da ascensão de um discurso persecutório a determinados temas, como a política, gênero e educação sexual, levados adiante por segmentos da extrema direita e que se apresentam na proposta do *escola sem partido* (Severo; Estrada; Gonçalves,

2019). Essas questões permitiam a escolha de até três opções (de um total de 12 opções disponíveis) e destacarei as três mais importantes para cada recorte ideológico.

Tabela 8 – Assuntos que devem ser debatidos em sala de aula

	Não se identifica	Extrema esquerda	Esquerda	Centro	Direita	Extrema direita
Não opinou	0,39	0,88	0,54	–	0,18	–
Todos os assuntos devem ser debatidos	**27,14**	**31,28**	**39,53**	**25,75**	**13,43**	17,13
Violência	9,61	7,49	4,51	5,27	7,77	8,29
Trabalho	6,88	2,20	2,53	8,73	**15,19**	**14,92**
Política	4,55	8,81	6,68	7,38	10,42	**11,05**
Meio ambiente	**10,00**	5,73	7,94	9,79	10,42	8,84
Grêmio estudantil	1,30	0,88	–	1,05	0,71	1,66
Gênero	4,81	7,05	5,23	3,61	1,24	1,10
Empreendedorismo	5,71	0,88	3,43	7,83	**15,37**	**14,92**
Educação sexual	**10,00**	**14,98**	**13,18**	**10,24**	6,18	3,87
Direitos na escola	4,29	1,32	1,81	4,22	3,89	5,52
Direitos Humanos	9,74	**14,10**	**11,19**	**10,84**	6,71	3,31
Corrupção	5,58	4,41	3,43	5,27	8,48	9,39
TOTAL	100	100	100	100	100	100

Fonte: o autor

Como se vê, todos os segmentos, salvo os jovens de direita, apontaram a opção *todos os assuntos devem ser debatidos* como a mais importante, sendo o maior índice entre jovens de esquerda (39,53%) e o menor entre jovens de direita (13,43%). Aqui não se estabelece uma lógica que se atenha à escala, ou seja, quanto mais à esquerda maior probabilidade de maior liberalismo, significando talvez que essa identificação não diga respeito ao aspecto liberal (num sentido político, e não econômico), o mesmo valendo à direita. Houve uma coerência na segunda colocada entre jovens de extrema esquerda, esquerda, centro e não se identificam na opção *educação sexual* como questão mais importante, sendo empatado com *meio ambiente* para os jovens que não se identificam. Em terceiro lugar aparece a opção *direitos humanos* para os jovens da extrema esquerda, esquerda e centro. Para os jovens de direita e de extrema direita há outra orientação, aparecendo *trabalho* e *empreendedo-*

rismo como questões mais importantes, sendo que para os de extrema direita ambas as questões aparecem empatadas, vindo a seguir a *política* como mais importante, com índice próximo aos da direita nessa questão (ED - 11,05% e D - 10,42%). Também o trabalho, que anteriormente poderia ser uma questão central para a esquerda, passa a ser uma demanda dos grupos da direita, com outros sentidos como a vinculação à noção de empreendedorismo. O que é curioso, denotando as diferenças dentro de cada segmento, é que é justamente a *política* que aparece como uma das opções mais rejeitadas na direita e extrema direita.

Tabela 9 – Assuntos que não devem ser debatidos em sala de aula

	Não se identifica	Extrema esquerda	Esquerda	Centro	Direita	Extrema direita
NO	11,99	**12,22**	**22,79**	**12,45**	8,91	6,88
Todos devem ser discutidos	5,36	**15,00**	**20,83**	**12,45**	4,83	3,75
Nenhum deve ser discutido	2,68	3,33	3,19	3,65	1,78	2,50
Violência	2,37	1,67	0,98	3,43	2,54	4,38
Trabalho	4,10	6,67	3,92	3,86	3,82	3,13
Política	**20,03**	8,89	7,11	**14,38**	**14,76**	**20,00**
Meio ambiente	0,32	2,22	0,74	0,21	1,53	2,50
Grêmio estudantil	**12,46**	11,11	11,76	11,16	9,92	5,00
Gênero	**12,62**	5,56	5,39	10,73	**23,92**	**20,00**
Empreendedorismo	8,20	**17,78**	**12,25**	8,15	4,07	1,88
Educação sexual	7,26	4,44	3,19	5,36	**11,20**	**13,75**
Direitos e deveres na escola	3,00	4,44	2,21	6,65	3,31	3,13
Direitos Humanos	2,05	0,56	0,98	1,29	4,83	8,13
Corrupção	7,57	6,11	4,66	6,22	4,58	5,00
TOTAL	100,00	100,00	100,00	100,00	100,00	100,00

Fonte: o autor

Como comentei antes, nessa questão foi incluída novamente a opção *todos devem ser discutidos* pelo levante metodológico, em especial dos jovens da esquerda, extrema esquerda e do centro, estando presente também nos outros recortes ideológicos. Esperava que respondessem na opção *não opinou* nessa questão, o que foi feito por muitos, novamente, em especial nos jovens da esquerda, extrema esquerda e do centro. Os jovens de centro acompanharam os jovens de direita, extrema direita e não se identificam na rejeição à *política*. Os jovens de direita e extrema direita rejeitam também o debate sobre gênero (rejeitado também pelos que não se identificam) e educação sexual. Os jovens da esquerda e da extrema esquerda rejeitam o debate sobre *empreendedorismo*. Houve então uma certa coerência nas rejeições em razão das orientações políticas, mas não são majoritárias dada a possibilidade de escolha de múltiplas alternativas.

Nesse primeiro recorte foi possível perceber que é possível identificar tendências de orientação política com base na autoidentificação ideológica, assim como na sua rejeição ativa (não se identifica). A participação política fora da escola é baixa em todos os segmentos, sendo menor à direita e em especial nos que não se identificam e levemente superior entre jovens de esquerda. Também são os jovens à esquerda que mais conversam sobre política e com a participação política maior em suas famílias, cabendo aos da direita, da extrema direita e os que não se identificam uma maior distância da política no cotidiano, sendo esse último segmento o que procura ativamente mais rejeitar a política. São os jovens de centro que mais participam de alguma atividade representativa, no caso representantes de classe e, por fim, há um recorte nas questões que são vistas como as que devem ser debatidas. Há um maior liberalismo (político) entre jovens de esquerda, extrema esquerda, centro e não se identificam pela opção de que todos os assuntos devem ser debatidos em sala de aula, o que é acompanhado em menor quantidade pelos de direita e extrema direita. Enquanto jovens de esquerda, extrema esquerda e centro apontam as opções *Direitos Humanos* e *educação sexual* como temas de interesse para debate, os jovens da direita e extrema direita apontam o *empreendedorismo* e o *trabalho*. No que diz respeito à rejeição de assuntos, os da esquerda e extrema esquerda rejeitam o *empreendedorismo*, e os da direita e extrema direita rejeitam a *política* (sendo acompanhados pelos jovens de centro), apontando para uma perspectiva apolítica, e *gênero* e *educação sexual*, indicando uma orientação moralista. Esses tópicos, em meu entendimento, demonstram as orientações coletivas geracionais sobre as prioridades das unidades geracionais.

A seguir, trato da análise que considera as variáveis mais importantes na definição de cada recorte ideológico, de forma a construir um possível perfil dessas visões de mundo, utilizando também as entrevistas como suporte para essas definições.

8

CONSTRUÇÃO TIPOLÓGICA CONTEXTUAL DAS UNIDADES GERACIONAIS

No capítulo anterior, procurei indicar as preferências e diferenças de cada unidade geracional empregando estatística descritiva para identificar possíveis orientações dos jovens, sendo possível compreender que estão presentes em muitos aspectos. Acho necessário aprofundar a análise em dois sentidos: no estatístico, de forma a possibilitar identificar em maior detalhe o perfil de cada unidade geracional; e no qualitativo, de forma a aprofundar o entendimento de como se expressam as orientações coletivas no que diz respeito à política, foco da análise.

Insisto no termo *contextual* para que não se confunda com o procedimento adotado por Max Weber, uma das inspirações para a metodologia empregada, especificamente a construção de tipos-ideais. Para o autor, o "tipo-ideal é, acima de tudo, uma tentativa de apreender os indivíduos históricos ou os seus diversos elementos em conceitos genéticos" (Weber, 1992, p. 140). A análise que proponho aqui opera em um nível que considero inferior a esse modelo de construção. Podemos utilizar o modelo de diferenciação de Norberto Bobbio (2011) entre a esquerda e direita como uma construção de tipo-ideal. De modo muito sintético, à esquerda esse autor atribui como principal característica igualitarismo ou sua busca, enquanto à direita cabe a diferenciação num sentido naturalizado, ou também sua busca. É preciso, dados os resultados da pesquisa e o que vemos em nossa realidade, incluir outras variáveis para a identificação das orientações coletivas.

Na minha pesquisa busco identificar *como* cada unidade geracional, tendo como orientação essa diferenciação de esquerda e direita, por exemplo, expressa-se em dado contexto imediato, dado que é ele, nas suas relações sociais, disputas e oportunidades estruturais, que define como essas diferenças se apresentam e performam. Será, portanto, estrutural o antagonismo entre esquerda e direita, mas a forma como se expressam será específica a cada momento histórico, o que levará a uma maior probabilidade de que pessoas em determinadas posições sociais se identifiquem mais com um tipo ou outro de ideologia, a exemplo de Pierre Bourdieu

(2007) em sua análise sobre gostos e ideologia em sua relação com posses de determinados capitais (cultural, econômico). É essa última parte que busco compreender neste trabalho, numa orientação que emprega essa construção tipológica. No início da segunda década do século XXI, jovens estudantes do ensino médio do RS que se autoidentificam com determinada visão de mundo apresentam orientações coletivas que lhes são específicas e estão em determinada posição social, compreendida esta última não em termos meramente econômicos, mas de forma interseccional. A exceção a essa construção específica talvez seja a orientação dos *não se identificam*, que apresentam formas contextuais de justificação de seu comportamento, mas tenho como hipótese (o que não é um tipo-ideal) que se trata de um tipo estrutural como as outras posições: esquerda, direita, centro.

Apresento então um coorte das unidades geracionais representado por estudantes do ensino médio, significando, assim, que é uma parte significativa da geração que se pretende analisar, dado que a maioria dos adolescentes no Brasil na faixa etária pesquisada está no ensino médio, mas não constitui a sua totalidade.

Além dos dados quantitativos, utilizo as falas das entrevistas sobre os tópicos políticos e a análise estatística que traz aqueles perfis mais prováveis de adesão a determinada visão de mundo. A análise estatística completa[56] foi produzida por Gabrielle Caseira Cury, que a partir da variável identificação ideológica verificou quais são as outras variáveis que ajudam a identificar os tipos ideológicos[57]. Em síntese, a análise inicial consistiu na verificação da frequência de todas as variáveis incluídas no modelo hierárquico de análise. A análise bivariada foi realizada utilizando o teste de qui-quadrado e a análise multivariada bruta e ajustada foi realizada por meio de Regressão de Poisson com ajuste robusto da variância. O modelo hierárquico utilizado foi de três níveis, a fim de controlar eventuais fatores de confusão. No nível distal foram incluídas variáveis sociodemográficas, no nível intermediário questões relativas ao consumo de informações e uso de redes, e no nível proximal questões referentes à sociabilidade, cultura e educação dos estudantes. Permaneceram no modelo todas as variáveis que, ajustadas para aquelas do mesmo nível e de níveis anteriores, apresentaram valor $p \leq 0,20$. A medida

---

[56] A análise estatística completa com todas as tabelas está acessível no link https://drive.google.com/file/d/1JkrRwNxq0kVLkWXbBZ367qEUeQO1Iui7/view?usp=sharing.

[57] Trabalhei esses dados em artigo publicado em 2021 com a professora Wivian Weller e com Gabrielle em análise sobre jovens de direita e extrema direita. Disponível em: https://periodicos.unb.br/index.php/linhascriticas/article/view/36319/30482.

de efeito utilizada foi a razão de prevalências (RP). Todas as análises foram realizadas utilizando o software STATA 14.0 (StataCorp, College Station, TX, USA)[ref]. Tal procedimento auxiliou na construção dos perfis. Após a apresentação, que é uma aproximação e não levará obrigatoriamente a que todos que se identifiquem em determinada visão de mundo tenham essas características, apresento falas dos jovens que auxiliam a compreender de que maneira essas visões de mundo compreendem a si e aos outros, utilizando a orientação do método documentário (Bohnsack, 2020; Weller; Pfaff, 2013), que busca a narrativa dos sujeitos, *como* se constituem determinadas práticas. No entanto, em diversas circunstâncias os entrevistados trazem justificativas teóricas para suas interpretações do mundo, o que também foi utilizado para análise. A seguir detalho aquilo que é central para a diferenciação de cada unidade geracional, diferenciando jovens de esquerda, centro, direita e não me identifico. Dos 2.169 estudantes entrevistados, 1.567 responderam ter identificação política com algum dos grupos ou não se identificar politicamente com nenhum dos grupos. Serão esses os jovens que analiso, considerando um total de quarenta e quatro entrevistas narrativas.

Jovens de esquerda: envergonhados, "comunistas" e anti-Bolsonaro

Incluo aqui jovens que se identificam da extrema esquerda à esquerda na análise estatística, dada a afinidade em muitos pontos, como a oposição ao então presidente Jair Bolsonaro (2019-2022), pautas defendidas, formas de manifestação e interesse pela política, destacando inicialmente as características estatísticas dessa unidade geracional. É interessante observar que esse grupo, assim como os jovens à direita, tem uma maior quantidade de marcadores para definição de seu perfil em comparação aos jovens que se identificam ao centro e aos que não se identificam com nenhuma posição. Considero que isso ocorra, como se verá pelos perfis, pelos temas e formas de expressão da polarização política contemporaneamente.

Na análise ajustada, mostraram-se significativamente associadas à posição política com extrema esquerda as variáveis gênero, cor da pele, tipo de escola, com quem reside, religião, rede social mais utilizada, conversar sobre política, ter participado de manifestação política e ter familiares que participam de atividade política.

A análise multivariada apresentou que pessoas do gênero feminino e de cor da pele negra apresentaram maior razão de prevalência à identificação política com extrema esquerda, sendo as pessoas de gênero feminino 2,87 vezes mais prováveis de identificar-se com extrema esquerda que as pessoas do gênero masculino. Mostrou também menor probabilidade de estudantes de escola privada, quando comparados a estudantes de escolas estaduais, se identificarem politicamente como de extrema esquerda. Estudantes que afirmaram residir com amigos e colegas tiveram 5,5 vezes maior probabilidade de se identificarem como de extrema esquerda quando comparados aos estudantes que residiam com pai e mãe. Católicos e evangélicos apresentaram uma probabilidade até 52% (evangélicos, RP=0,48, IC95%= 0,27-0,86) menor de se identificarem politicamente como de extrema esquerda quando comparados aos estudantes agnósticos ou sem religião.

Os estudantes que afirmaram conversar às vezes ou raramente sobre política apresentaram uma probabilidade menor (34% e 52%, respectivamente) de se identificarem politicamente como de extrema esquerda se comparados àqueles que afirmam sempre conversar sobre política. Os que afirmaram já ter participado de manifestação política apresentaram razão de prevalência de 2,08 para o desfecho identificação política com extrema esquerda, quando comparados aos estudantes que afirmaram não ter participado de manifestação política. Também esteve associado ao desfecho a família ter participado de atividades políticas.

Para jovens de esquerda, na análise ajustada mostraram-se significativamente associadas ao desfecho as variáveis gênero, tipo de escola, ano do ensino médio que cursa, religião, fonte de informação mais confiável, conversar sobre política, local onde conversa sobre política, participação em manifestação política e todos os assuntos devem ser discutidos na escola.

A análise multivariada apresentou maior razão de prevalência à identificação política com esquerda a estudantes do gênero feminino (RP=2,01, IC95%= 1,65-2,45), que estudam em escola federal (RP=1,77, IC95%= 1,43-2,18) e que cursam o segundo, terceiro ou quarto ano do ensino médio. Ainda no primeiro nível de análise, estudantes que afirmaram ser católicos, evangélicos ou umbandistas apresentaram menor probabilidade de identificação com esquerda quando comparados àqueles agnósticos ou sem religião (43%, 57% e 50% menor, respectivamente).

No nível intermediário de análise, os estudantes que afirmaram serem os professores a fonte mais confiável de informação apresentaram probabilidade 2,44 vezes maior de identificação política com esquerda quando comparados aos que consideram os familiares a fonte de informação mais confiável. A razão de prevalência é maior também entre aqueles que consideram sites de notícias como a fonte mais confiável, quando comparados ao grupo dos familiares (RP=2,13 IC95%=1,54-2,95).

No nível proximal de análise, conversar sempre sobre política se mostrou associado ao desfecho, apresentando esses estudantes probabilidade 3,76 vezes maior de identificação política com esquerda quando comparados aos estudantes que afirmaram nunca conversar sobre política. A probabilidade dos estudantes que conversam sobre política em casa, na escola ou na internet foi até 5,49 vezes maior de identificação política com esquerda quando comparados aos estudantes que afirmaram não conversar sobre política em nenhum lugar.

Existem continuidades na extrema esquerda e na esquerda, como conversar mais sobre política, ser estudantes de escolas públicas, maior nível de participação em manifestações, cor negra e o gênero feminino, além da predominância de jovens sem religião ou agnósticos. Como comentado anteriormente e em concordância com a pesquisa de Machado e Scalco (2018), o gênero será um recorte que se faz presente na construção ideológica, tema que apareceu em algumas entrevistas, em especial no período das eleições presidenciais. Uma das entrevistadas, estudante de escola privada, relata sua experiência sobre o debate político à época:

> *Priscila: Eu vejo que os meninos, assim, alguns, principalmente, se interessam bastante por política, algumas meninas, poucas, assim, são poucas que vão atrás de assuntos. Eu vejo assim, também, te digo assim, que os meninos, a grande maioria, é bem de direita, assim. Acho que não tem nenhum, tem um guri da turma que é de esquerda. Mas, assim, 90% é bem de direita, de resto, as meninas, assim, são bem variáveis, mas os meninos, assim, é bem extremo. Vê bem nitidamente que eles são bem do lado de lá.*
>
> *Entrevistador: Eles dividem até os lugares de sentar na sala?*
>
> *Priscila: Sim, sim.*

Na pesquisa de Machado e Scalco (2018) essa divisão ideológica a partir do gênero foi percebida a partir da maior participação das meninas nos debates em escolas, em especial pela incorporação de um debate feminista, o que pode ter levado em alguns casos os rapazes a adotar uma perspectiva machista, o que aparece em muitas circunstâncias em defesa de valores moralistas que eram defendidos pelo então candidato Jair Bolsonaro e em manifestações de comunidades de jovens que se identificam como conservadores e invariavelmente declaram-se antifeministas (Weller; Bassalo, 2020). Também foi comum a narrativa de situações de constrangimento de posicionamento à esquerda em sala de aula, o que levou em muitos momentos ao silenciamento das posições à esquerda, como comenta um jovem entrevistado.

> Airton: uma coisa que talvez seja importante durante o período de eleição presidencial quando o atual presidente se elegeu, ahn, foi um momento em que eu senti na turma, assim, uma, ela se dividiu, sabe? E, até então, a turma era muito unida, só que, assim, a postura, ahn, assim, a representatividade que o, o Bolsonaro apresentou foi, um, dividiu a turma porque ou as pessoas se identificam ou as pessoas não se identificavam, então, e naquele momento eu senti a necessidade de me posicionar, assim, porque tinha muitos debates na turma, não necessariamente em aulas, mas tipo, alguém chegava com o celular com uma notícia ou de algo que tinha dito e daí as outras pessoas defendiam, outras pessoas, ahn, não defendiam, faziam acusações e girava assim, sabe?

> Entrevistador: Ah, legal. Uma última pergunta sobre essa questão da política porque essa percepção de divisão já apareceu em outras entrevistas também, né? Que a turma ficava dividida pró e contra, né? Isso é uma coisa bem comum, ahn, tu percebia, tu percebeu se havia um perfil nessa divisão? Tu conseguia perceber assim, se existia alguma característica comum que identificava um grupo e outro?

> Airton: Confesso pra ti que sim, ahn, majoritariamente o grupo que é, assim, a favor e tem uma postura bem alinhada, assim, com o Bolsonaro, assim, na minha turma, né? Que era o grupo que eu tava, né, participando, era uns meninos, assim, ahn, eu não vou te dizer que 100% deles até porque eu não tava incluso (risos), mas, sei lá, muitos, sabe? E uma das coisas que ficou clara, assim, é que os meninos que, tirando eu, porque eu sempre falei muito, os que não concordavam não tinham, não tavam alinhados com a maioria, não falavam, sabe?

Esse silenciamento se estendeu para outros espaços, como o ambiente familiar, fenômeno descrito por Nunes e Traumann (2023) durante o período eleitoral de 2022, demonstrando sua continuidade, sendo assim uma situação duradoura e não restrita aos jovens. A diferença, considero, é que para as pessoas de outras gerações isso se apresenta talvez como novidade, havendo a ponderação de um risco em posicionar-se, o que não acontecia em situações pretéritas, antes da ascensão do bolsonarismo. Para os jovens da geração atual esse silenciamento aparece como a norma, na interpretação mannheimiana como um *contato novo*, constituindo-se como regra para muitos deles e gerando entre alguns a constituição de um comportamento que denomino, inspirado em Pierucci (1987), como esquerda envergonhada e leva a duas estratégias por sua parte: silenciamento ou reposicionamento estratégico. Nas relações familiares, quando há diferença de posição, geralmente esses jovens evitam o confronto quando percebem não ser possível o diálogo não conflitivo.

> Letícia: É, ahn, eu, a minha família maior parte, assim, é bem a favor do governo (Bolsonaro) e eu não sei assim, pode ser que eu esteja equivocada, mas eu sou contra o governo atual, eu não acho que o governo atual esteja fazendo as coisas certas e (inaudível) ele bate bastante nesse assunto de que ele tá certo, de que sabe que é o melhor e, eu não sei, antigamente eu gostava de participar das conversas e ouvir o que eles tinham pra falar, sabe? Só que agora que eu tenho, pelo menos, um pouquinho mais de noção sobre isso, eu prefiro fugir desses assuntos, sabe? Que eu não sei, a opinião deles não me agrada e eu sei que se eu ficar ali eu vou me incomodar, então, eu normalmente fujo um pouco, vou pra outro lugar ou coisa assim.

A percepção do contexto polarizado irá influenciar o posicionamento desses jovens, a forma como se percebem no debate político. Há, inegavelmente, a percepção de divisão política, de polarização, que defini como assimétrica e perniciosa, o que leva ao silenciamento de alguns desses jovens. É interessante como essa polarização aparece para os entrevistados em razão do *contato fresco*, o que serve como definição da experiência como parâmetro da realidade. Para muitos desses jovens, os extremos são os que aparecem no debate político contemporâneo. Grosso modo, bolsonarismo *versus* petismo. Novamente, tal polarização é assimétrica, pois no primeiro caso há um posicionamento de extrema direita com inspiração fascista, e no segundo uma posição social-democrata ou, na definição de Singer (2012), social liberal. O que importa, no entanto, é que tais posições são as que constituem a disputa política pública e são interpretadas invariavelmente como os extremos que não dialogam. Assim, alguns jovens buscam se posicionar de forma a evitar a polarização, não abrindo mão de seu posicionamento, definindo-se, por exemplo, como centro-esquerda como forma tanto de não ser compreendido como "extremista" quanto na busca de adotar uma perspectiva dialógica, o que não significa adotar uma visão próxima à direita.

Lauro, que em vários aspectos apresenta uma justificativa e questões que identifica como de esquerda, justifica assim como se posiciona:

> *Lauro: Hoje eu to com uma visão bem mais centro, antes eu tinha uma visão mais esquerda, mas eu to vendo que, infelizmente, eu vou ter que, eu vou ter que ser mais centro porque (.) como eu não gosto de extr- extremistas, né? Tipo, não tem muito o que fazer, vou ter, vou ter que ser um pouco mais centro e to vendo que as pessoas também, por exemplo, candidatos que se dizem, que se diziam, pelo menos, mais pra esquerda hoje tão, tão pra centro, né? Não tão pra direita porque eu não sou de direita, né? Mas enfim, tô com uma visão mais centrista hoje porque não tem muito o que fazer.*

> *Entrevistador: Uhum. Quando tu diz que não tem muito o que fazer, tu podia me explicar como é que tu percebe isso, em que sentido?-*

> *Lauro: É, eu digo porque a visão da esquerda no Brasil tá totalmente suja, né? Totalmente, assim, deteriorada. Fala em esquerda e as pessoas já ligam, já ligam em coisas que não tem nada a ver, né? Não tem nada a ver. Então, eu acho que assumindo uma postura centro pelo menos, ahn, o povo consegue te dar um olhar, consegue escutar o que tu tem a dizer, entendeu? Mesmo tendo ideias de esquerda.*

Lauro se reposiciona em razão daquilo que percebe ser a visão da sociedade sobre a posição de esquerda. Como desenvolverei adiante, o centro é visto como um *não lugar*, utilizando a imagem de Augé (1994), que serve como fuga à polarização (o que não significa que se resuma a isso). Assim, discursivamente Lauro se apresentava naquele momento como "mais ao centro", de forma a evitar conflitos, mas sua justificativa de posicionamento político se mantém à esquerda, incluindo aquilo que entende ter fundado sua visão de mundo – uma trajetória descendente economicamente:

> *Entrevistador: Então, já que tu fez a pergunta tu podia me dizer o que que fez na tua vida tu ter um pouco mais a visão voltada pra esquerda[58]?*

> *Lauro: Claro, foi quando eu tava saindo de casa, tava indo pra, tipo (.), pra casa de um amigo meu e ai eu saí daqui e eu cheguei lá e aí meus tênis tavam tipo, meus tênis branquinhos, tavam tudo sujo de areia porque aqui é areião, tá ligado?! Aqui é chão batido,*

---

[58] Essa pergunta surgiu a partir da última questão que foi feita no roteiro de entrevista, por sugestão da professora Wivian Weller: Então, terminei o meu roteiro de perguntas. Teria alguma outra questão que achas importante e que não perguntei? Lauro fez uma série de críticas ao roteiro e uma delas foi a necessidade de questionar por que o entrevistado passou a ter determinada visão de mundo.

> *cheguei na casa dele e é asfalto e é piso, o piso da casa dele tava brilhando, assim. Eu tive que entrar só de meia, tá ligado?! Porque eu não queria sujar nada, daí eu pensei, "Bah, porque eu to tendo que morar lá? Sendo que antes, quando eu morava com minha vó em Porto Alegre, minha falecida vó. Bah! Minha casa era gi- era enorme, assim, cabia muita gente e tal, era bairro nobre". Entendeu?! Daí quando eu vim pra cá mudou completamente minha vida: "Porque que isso tá acontecendo comigo?". E eu ficava indignado com isso quando era menor, né? E aí, eu pensei "pô, porque todo mundo não pode ter a mesma oportunidade, né?". De poder sair de casa e não ter que, sei lá, ter o esgoto aberto ali na rua, entendeu? Com um valão ali no final da rua, essas coisas, assim, porque que todo mundo não pode ter a rua asfaltadinha, né? Então, essas coisas assim que me deram essa, essa, esse olhar assim, pra política.*

A justificativa de Lauro aponta para a noção de igualdade, tópico central para identificação da esquerda, conforme Bobbio (2011). Há então a visão de esquerda, mas dado o contexto, para evitar ser identificado com aquilo que vinha sendo colocado como característica da esquerda e também para não ser taxado de extremista, discursivamente se apresenta como centro. Alguns jovens também se apresentavam como centro-esquerda para evitar a pecha de extremistas sem se eximirem de posicionar-se, como a jovem a seguir:

> *Kelly: Mas eu diria que eu sou uma pessoa centro-esquerda, não extrema esquerda porque acredito que nada extremo seja bom o suficiente. Eu me enquadro como centro-esquerda, acredito eu, porque eu não sou imparcial diante de certas coisas e, mas eu também tô sempre disposta a mudar meu posicionamento em relação a várias coisas. Então, eu acredito que eu não tenha uma opinião, tipo, extrema esquerda como eu também não tenho uma opinião muito perto de ser de direita. Acho que é isso.*

A característica apontada para o posicionamento é a flexibilidade, possibilidade de mudar de opinião, o que é visto como uma impossibilidade a quem está em um dos extremos.

> *Glenda: Eu me vejo uma pessoa de esquerda, mas não extremo, sabe? Eu tenho certas questões que eu não concordo totalmente, então, eu não sou uma pessoa extrema, acho que extremismo é a doença, é, não é doença, mas é um sério problema que as pessoas se cegam sobre isso, então, eu acho que eu não me encaixaria numa visão mais extremista, mas sim uma mais, não centro esquerda, mas esquerda, mas não concordo com tudo.*

É, portanto, o contexto e a relação que é estabelecida com ele que orientará o posicionamento, o qual será performado considerando-se as possibilidades objetivas desses jovens, assim como seu entendimento de *extremo*. Quero dizer que há aqueles que podem atuar ou se expressar em termos que compreendem como de esquerda ou extrema esquerda, pois lhes é possível – contexto familiar favorável, possibilidade de expressão no ambiente escolar, entre amigos etc. ou pela imposição objetiva da realidade. Iris estuda em uma escola federal, ambiente que possibilita o debate (em especial se observarmos o contraste com os relatos daqueles jovens que não se sentiam à vontade para expressar sua opinião para os colegas), seus familiares são ou foram militantes políticos de esquerda, o que já lhe dá um acesso a um *capital político* (Bourdieu, 2004) advindo da socialização primária (Berger; Luckmann, 2010). Em síntese, há maiores possibilidades ambientais para a expressão política de seu posicionamento, que compreende como de *extrema esquerda*, que em seu caso compreende ser petista:

> Iris: eu me considero de extrema esquerda porque eu sou, eu sou contra a propriedade privada (3) porque eu, porque eu sou contra (4) várias coisas, agora, de repente, não sei, faz tanto tempo que eu não me comunico assim, @(com alguém)@. Eu tô: "Que palavra que eu tô procurando?", mas enfim, é, eu defendo salários mais justos, eu acho que é o tipo de coisa que a gente tem que lutar ainda, ahn, é, o respeito das leis trabalhistas, não só em respeitar elas que já existem, mas respeitar os trabalhadores que, que precisam que essas leis sejam, não só executadas, mas discutidas sempre pra ser justo, pra ser justo. Então, deixa eu ver, eu acho que não precisa ser de esquerda pra ser contra o Bolsonaro @(tem que ter um cérebro)@, mas se isso conta também, eu, eu fui, eu não consigo concordar em nada com aquele cara, ahn, outra coisa que eu acho que, que me faz uma esquerdista latino-americana é não gostar de nada que represente o American Way of Life, não me interessa nenhum um pouco, é, não me interessa-

A jovem justifica seu posicionamento num nível teórico e, talvez mais importante, de questões que não necessariamente a atingem diretamente. É presente, o que é comum entre jovens de esquerda, um nível retórico e argumentativo mais teórico, advindo do conhecimento escolar em muitas situações. É presente nessa trilha argumentativa a justificação do posiciona-mento pela alteridade e igualdade, baseado de modo geral na argumentação a partir de dados conjunturais, que, para a entrevistada, significa a fundação de sua visão de mundo. Compreender o petismo como *extremo* é irreal dada sua plataforma política, contextualmente, mas, para essa jovem, dado o embate com a extrema direita, torna-se compreensível. A próxima jovem traz também uma forma de argumentação num sentido próximo ao de Iris.

> *Isadora: Um tema específico que me preocupe mais? Acho que a questão:: uma questão que me incomoda, me incomodou muito, principalmente, agora na quarentena foi a questão da retirada de direitos trabalhistas assim, sabe? Tipo da uberização do trabalho e tudo, da normalização do empreendedorismo que, tipo, as pessoas acham que é normal tu ir trabalhar de uber, não ganhar praticamente nada, tipo, e chegar em casa podre de cansado ou sofrer um acidente- tipo, ir trabalhar de ifood, sofrer um acidente de moto e quebrar uma perna, tu não vai ter auxílio nenhum se isso acontecer contigo, sabe? Não é legal, não é bacana, entendeu? Realmente se é gente que precisa, não tem outra opção, sabe? Aí sim, só que tem- as pessoas tem romantizado muito isso, sabe? Como se fosse muito melhor, ahn, tu ir trabalhar como pequeno empreendedor do que tu ir trabalhar numa empresa e ter teus direitos, sabe? A retirada de direitos tem se tornado uma coisa, sei lá, natural, as pessoas tem achado natural, sabe? Isso não é legal, nem natural, nem bonito. Não é bonito tu não ter os teus direitos que a classe trabalhadora demorou tanto tempo pra conseguir conquistar, sabe? E aí agora ter essa retirada, eu acho que é bem preocupante assim.*

Ambas as jovens falam sobre direitos trabalhistas com base no contexto de retirada de direitos durante o governo de Michel Temer (2016-2019), por exemplo, e Isadora chama atenção para o processo de precarização com base no empreendedorismo, lembrando ser um dos temas mais rejeitados por jovens desse recorte ideológico nos debates em sala de aula e um tema preferencial pelos de direita.

Em alguns casos a posição de esquerda é acompanhada de uma soberba, do desmerecimento da posição do outro, atribuindo-a à ignorância, o que se expressa num entendimento da falta de legitimidade da posição do adversário a partir de uma pretensa superioridade moral.

> *Iris: Ah, sim. Eu acho, eu acho que infelizmente política hoje em dia pra quem pode porque (3) isso parece errado de falar porque eu sou extremamente de esquerda, eu sou filiada ao PT desde o primeiro mês que eu tirei meu título, ahn, petista, então, é, foto do Lula espalhada pelos lugares quando vê tá "Olha aqui o Lula e o Marroni, que loucura!". Então, e eu me identifico muito com isso, me identifico muito com isso, só que infelizmente política, ela é uma coisa que devia nos ajudar, mas ultimamente ela tem nos atrapalhado e eu acho que o populismo do Bolsonaro, não*

*preciso falar nem o que eu to indo contra e o que eu to defendendo
aqui porque eu acho que deixei bem claro o tempo inteiro, né? E
eu acho que ele conquistou muitas pessoas, então, na fala, então,
política tem que ser pra quem entende política [grifo meu] e
não só discursos. Eu acho que é isso.*

O posicionamento político é atribuído à aquisição de um conhecimento sobre a questão em pauta, saber do que se fala. A premissa de Marilena Chauí (2019) do conservadorismo inerente à sociedade brasileira dá sentido a essa forma de compreensão da realidade, uma apreensão crítica. No entanto, a forma como tal posição é performada junto a seus antagonistas leva ao entendimento de que a posição dos outros sujeitos é resultado de "burrice", e não como um elemento estrutural que produz apreensões acríticas sobre a realidade que é naturalizada por quem reproduz o *status quo*.

*Maria: Sim, as coisas que mais preocupam é, tipo, essa relação de
legalização de aborto, de, ahn, legalização da maconha, essas coisas
mais padrões assim, são assuntos que eu falo bastante sobre e sobre
LGBT e racismo, essas coisas realmente mais padrões e as pessoas
que eu mais discuto assim, de discutir mesmo, de brigar, é meu pai,
com certeza, ahn, ultimamente eu discuti com meu cunhado, minha
mãe e a minha irmã que eles tem meio que a mesma opinião assim.
Minha mãe é o clássico pobre de direita, ela tem, ao mesmo tempo
que ela não tem, ela se diz de direita, mas ela não tem opiniões de
uma pessoa de direita. Então, mas tipo, ela tem opiniões que dá
pra ver que ela só não pensou muito a respeito porque, tipo, se eu
der uma conversada com ela, a gente briga, mas depois ela pensa
a respeito, mas ultimamente eu briguei com eles por, porque eles
só falam de meritocracia e que existe meritocracia sim e eu acho
isso uma estupidez gigantesca porque como é que tu vai dizer que
a pessoa mais rica tem as mesmas oportunidades que uma pessoa
que não tem nem sinal pra ver a vídeo aula online dela. Então,
isso me tira do sério e eu me irrito e eu não consigo falar calma,
então, eu discuto e brigo porque burrice me irrita. Burrice de coisas
que tu deveria saber, me irritam mais ainda. Então, porque tem
coisas que pra mim deveria ser de senso comum, tipo, não deveria
ter opinião a respeito de umas coisas, tu não deveria ter opinião
sobre racismo, tu deveria saber as coisas. Então, as pessoas que não
sabem as coisas, a pessoa que diz que "Ai porque cota é racista",
não! Não é! Cota não é um sistema racista, cota é necessário. "Não
porque eu acho que não é justo os negros terem direito, não, porque
olha só não é negros no geral, são negros que são classe mais baixa
porque aí eles tem..." entendeu? "Não porque não". Cara, isso não
é minha opinião, isso é fato, isso me irrita. Então, eu discuto com*

> *qualquer pessoa que tenha uma opinião um pouquinho, que foge*
> *do que eu acho, isso é um defeito muito grande meu, mas que foge*
> *um pouquinho do que eu acho que a pessoa deveria pensar, eu me*
> *irrito. E aí eu discuto bastante.*

Ainda sobre a manifestação de posicionamento, serão variáveis as possibilidades de diálogo conforme os valores familiares. Foi comum nas entrevistas que em famílias mais conservadoras, quando jovens buscavam expressar suas opiniões, geravam-se situações de conflito e desconforto. Não foi constatada situação oposta nas entrevistas – jovem conservador e família com valores de esquerda –, o que não significa que o mesmo não pudesse ocorrer. É interessante a fala da próxima entrevistada por expor a forma como a polarização se apresenta atualmente.

> *Luciana: Se eu não me engano no questionário que foi em 2019 eu*
> *até marquei que eu não sabia no espectro assim, esquerda-direita.*
> *Agora, eu sou esquerda, se alguém, se certas pessoas me pergun-*
> *tarem, eu digo que sou comunista porque é certo que as pessoas*
> *vão me chamar de qualquer jeito. Em casa com a minha família,*
> *assim, a gente até brinca que eu sou a comunista da família, não*
> *que eu seja, eu não sou, mas, é... Essa bipolarização que entre ser*
> *bolsominion e ser comunista, eu to sendo comunista, né?*

Essa forma de definição do outro, comunista ou bolsominion, é interessante por revelar como se constroem as identidades à revelia muitas vezes de seu conteúdo efetivo para esses jovens. O outro define a identidade política a partir de estereótipos e essas jovens percebem esse quadro e mesmo assim se apresentam enquanto tais.

> *Soraia: Uhum, tá. Olha, eu acho que (4), bom, @(considerando o*
> *mundo em que a gente tá hoje, diriam que eu sou comunista, mas*
> *eu não sou comunista)@, enfim. Ahn, sei lá, eu acho que eu só,*
> *eu acho que o mais, o mais adequado, sei lá, seria dizer que, tipo,*
> *democracia social, mas tipo, democracia social, tipo, do jeito que*
> *ela nasceu, sabe? Tipo, de uma coisa, uma tentativa de ser mais*
> *pragmática, de diminuir desigualdade, sabe? É basicamente isso.*

Tal dicotomia não se estabelece para muitos desses jovens de forma integral. Para os que se entendem como de esquerda, um pressuposto é o antibolsonarismo e a apropriação de temas dos Direitos Humanos. Entretanto, a adoção de uma identidade petista não é necessariamente apropriada.

> *Marianne: E hoje em dia eu aprendi sobre conceitos muito inte-*
> *ressantes sobre política como, por exemplo, movimentos, qual*

> *a diferença entre o movimento entre esquerda e direita, eu me considero muito de esquerda, ahn, eu apoio diversos movimentos de esquerda como, por exemplo, o feminismo, eu também, ahn, apoio muito o movimento, ahn, de empoderamento negro, LGBT, ahn, deixa eu ver que mais, eu apoio movimento de antirracista, antifascista, enfim. Ahn, com certeza eu sou anti Bolsonaro, mas eu também não apoio Lula e nem o PT.*

O outro caso é a falta de alternativas em razão da realidade que se impõe. Fernando, à época do preenchimento do questionário, se descreveu como *não se identifica*. É estudante de escola estadual, de família evangélica e de classe popular. Quando perguntado sobre o que é ser jovem, falou que sua preocupação sempre foi com dinheiro.

> *Fernando: Minha preocupação sempre foi essa e a minha mãe por mais que ela não[me] aceite, por mais difícil que ela seja, é uma pessoa que eu me importo muito. Então, a minha preocupação sempre foi essa, a minha juventude inteira sempre foi essa.*

Fernando é um rapaz trans. Muitos conflitos com familiares e violências que sofreu foram em razão de sua identidade de gênero. Somando as condições econômicas e as questões de gênero, Fernando se compreende como anti-Bolsonaro.

> *Fernando: Resumindo, eu só me vejo contra o presidente @(.)@ Não gosto nem um pouco, é por isso que eu brigo com o meu irmão, né? Porque ele, né? Ele gosta do cara, eu não gosto e sei lá, é uma relação, eu nunca fui assim, chegado a política, né? Mas, depois assim que começou essa função e eu via muito meu irmão falar, né? Umas coisas meio chatas de se ouvir e aí foi aonde eu comecei, né, a rebater, mas política é um assunto que eu não converso muito. A única coisa que eu deixo bem claro sobre política é que eu não apoio nem um pouco, não sou a favor.*

Seu irmão aparece como figura que representa o bolsonarismo em sua família, impedindo Fernando de visitar suas sobrinhas, conforme relatou, e festejando a vitória do então candidato Jair Bolsonaro à presidência, anunciando que iria acabar a "mamata", alusão aos benefícios sociais que inclusive sua mãe recebe, e reproduzindo a visão bolsonarista à época de rechaço aos programas sociais.

> *Fernando: Ah, uma vez né, ele pegou e falou que, bem lá acho que no dia até da votação, ele disse, começou a falar "Ah, porque agora vai acabar a mamada, né? Porque agora" ahn, como é que foi que*

ele falou? "Bolsa família vai acabar, se não acabar vai diminuir e que agora o pessoal vai ter que trabalhar e papapa" e aí foi, sem contar que, eu via, também no dia, né? Que teve a eleição, eu via as pessoas muito fanáticas por aquilo, muito fanáticas mesmo, eu via, ahn, uma vez eu vi, eu tava voltando pra casa e eu vi um cara, né, simplesmente xingando, chamando outro de macaco que era pra ele aceitar que agora o fulano era o presidente, era o presidente e acabou! E aquilo dali me deixava muito de cara e aí eu, numa das discussões, até com meu irmão, eu peguei e falei: "Cara, como é que tu vai falar um negócio desses se tu tem a tua mãe, né, que é doente, ela depende do bolsa família, tu tem um irmão que, cara, teu irmão não consegue um serviço" eu pegava e dizia pra ele, né? "Como é que tu vai falar um negócio desses? Sabendo que a gente depende disso, né? E se acabar o que vai ser da gente, tu vai manter a tua mãe? Tu vai me manter? Tu vai ajudar em alguma coisa?" e aí a única coisa que ele sempre dizia que agora ia acabar a mamada e o pessoal tem que trabalhar.

Considerando então a diferença de como a posição de esquerda se expressa, a partir de uma apropriação seja escolar ou familiar de capital cultural e político ou pela imposição da realidade[59], é comum à posição da esquerda o entendimento da necessidade de mitigar ou acabar com a desigualdade.

Marcos: Questão de partido é delicado porque eu não acredito que eu tenha partido, eu acho que deveria ser uma coisa boa pra todos, né? Só que tem pensamentos também diferentes porque hoje em dia eu vejo que a classe alta mesmo, eles ganham muito pra fazerem quase nada e os que trabalham de verdade, tipo eu mesmo, eu defendo muito o agricultor, ahn, não recebe o que deveria receber, entendeu? Recebe muito menos, isso eu acho injusto, mas pegar política, política, só nessa questão que eu discuto, o resto pra mim não tem muita importância. Claro, educação, saúde, essas coisas incluem nisso também, mas de mais eu não tenho partido definido.

Também é comum a identificação da esquerda com a noção de adoção de princípios democráticos, enquanto a direita é vista como autoritária, homofóbica, racista e machista.

Carla: ((suspiro)) Ser uma pessoa mais de esquerda? Eu não me vejo tão conservadora, assim, o que eu me digo de esquerda não é nem tanto no âmbito econômico porque eu não, assim, não vejo sendo muito viável instaurar um socialismo no Brasil, aquelas coisas que

---

[59] Esse é um recorte cidático. Essas duas formas podem se apresentar conjuntamente.

falam, mas eu acho que eu vejo a esquerda mais como, não sei, mais, eu acho mais democrática inclusive que a direita, eu gosto mais da esquerda no sentido que, tipo, de perceber as desigualdades que existem por aí, eu sei que não vão acabar, mas elas poderiam ser um pouquinho minimizadas e até, nesse sentido, mais de valores que eu te falei que eu não sou conservadora, então, às vezes eu acho, eu associo muito a direita, por exemplo, ao patriarcado, sabe? A homofobia, às vezes ao racismo, eu não concordo com esse tipo de coisa, ao machismo, principalmente, e eu acho que na esquerda tem um posicionamento frente a isso mais parecido com o que eu penso.

É curioso que em algumas respostas a distinção entre esquerda e direita estabelece uma diferenciação entre assistência *versus* racionalidade econômica, esta última num sentido de frieza com o próximo.

Leonardo: Tá. Ah (4) eu acho. Tá, a partir do ponto que, ah, esquerda é algo mais voltado pra pautas sociais e direita é algo mais focado em economia, administrativa, essas coisas.

Entrevistador: Uhum.

Leonardo: (inaudível) Então, por tudo que eu vivi, eu acho e que eu tive muita ajuda de pessoas que não precisavam me ajudar, elas não precisavam estar ali, então, eu sou muito grato por isso, então, eu acho que eu sou um pouco mais da esquerda e eu gosto muito dessas pautas sociais, então. Seriam voltadas para ajudar pessoas que não tiveram muitas oportunidades.

Em síntese, gênero é uma variável central nessa geração, sendo as mulheres as que mais se autoidentificam como esquerda e o ambiente da escola pública também parece ser importante para a constituição dessa visão, não como constituinte, mas como ambiente que não oprime ou coíbe o debate público e expressão política, outro diferencial central da posição de esquerda. Com frequência essas jovens compreendem-se como antibolsonaristas, pressuposto geracional para seu posicionamento. Tal posicionamento poderá ser discreto, buscando o conflito, na posição de centro-esquerda, ou aceitando a identidade que a direita lhes impõe, como "comunista", "extrema esquerda", significando a rejeição daquilo que identificam na direita – autoritarismo, machismo, racismo, homofobia, o que é identificado ao bolsonarismo –, e na busca de mitigar ou acabar com as desigualdades. Eventualmente essa posição pode se apresentar de forma soberba, desqualificando os sujeitos que têm uma posição de direita em razão da pessoalização da posição do outro.

Jovens de centro: o meio-termo como fuga da polarização

Os jovens de centro, diferentemente dos de esquerda e direita, não trazem consigo muitos marcadores significativos, como religião, raça, tipo de escola, inferindo as disputas contemporâneas daí. O único que aparece significativo é o gênero feminino, que é discretamente superior ao masculino. Trezentos e trinta e sete jovens (21,5%) responderam ter identificação política com o centro. A Tabela 4 apresenta as análises bruta e ajustada para fatores associados à posição política de centro. Na análise ajustada, mostraram-se significativamente associadas ao desfecho as variáveis gênero, ano do ensino médio que cursa, conversar sobre política e participação em manifestação política.

No nível distal, a análise multivariada apresentou maior razão de prevalência à identificação política com centro a estudantes do gênero feminino (RP=1,27, IC95%= 1,05-1,54). Estudantes que cursavam o quarto ano do ensino médio (portanto do ensino federal) apresentaram probabilidade 2,43 vezes maior de se identificar politicamente com centro quando comparados aos estudantes do primeiro ano do ensino médio.

No nível intermediário de análise, nenhuma das variáveis incluídas no modelo foi significativamente associada à identificação política com centro.

No nível proximal de análise, conversar sempre sobre política se mostrou associado ao desfecho, apresentando esses estudantes probabilidade 46% vezes menor de identificação política com centro quando comparados aos estudantes que afirmaram nunca conversar sobre política. Os estudantes que afirmaram já ter participado de manifestação política apresentaram RP=0,79 (IC95%=0,63-0,99) para o desfecho, representando 21% menor probabilidade de identificação política com centro quando comparados aos estudantes que não participaram de manifestação política. É esse dado o que parece ser o mais relevante para esse grupo, em especial ao considerar as entrevistas. Esses jovens conversam mas não participam de atividades políticas. Até aqui há uma aproximação com jovens de direita e os que não se identificam com nenhuma posição. A diferença é o conteúdo desse afastamento dos polos. Há uma rejeição na identificação específica com os polos opostos (esquerda ou direita) de maneira a escapar de confronto, o que é *informado* pela posição central. Mais do que apresentar aquilo que defendem, é justificado como forma de não estar totalmente distante da política sem ter que se comprometer com aquilo que é identificado como extremismo.

> *Maria: Então, eu sou aquela pessoa que todo mundo odeia de centro, que ninguém suporta que acha que não sabe dar opinião, mas é, eu não sei se realmente eu não tenho estudo suficiente porque eu não sou uma pessoa que eu vou procurar muito sobre isso, mas eu sou muito contra extremo, eu não gosto disso, eu não gosto de pessoas que se, tem, não que eu não goste de pessoas, mas eu não curto opinião de pessoas que têm opiniões muito extremas, tipo assim, o famoso político de estimação porque eu acho que político não tá no poder pra ser idolatrado, eu acho que tem que ser cobrado.*

A posição é vista, eventualmente, como uma não posição. Meio-termo que serve como aproximação da política sem necessariamente se comprometer com os polos opostos e visto pragmaticamente.

> *Taís: Tá. Bom, eu não, eu não uma pessoa que se envolve muito com política, não entro muito a fundo nisso, sinceramente, acho um tema muito polêmico e que de uma certa forma me causa um pouco de estresse por causa que eu to vendo que as coisas erradas e não tem como praticamente como mudar as coisas, entende? A não ser na votação que é um método que a gente tem pra se expressar, agora de resto eu não tenho muito como a gente agir no dia-a-dia pra modificar as coisas erradas na política. Eu, digo assim, eu fico mais no meio termo, eu concordo com a opinião de alguns e discordo de alguns, também concordo com outros, aquela coisa, eu não tenho muita posição, sabe? (risos).*

Para aqueles que buscam nessa identificação um espaço de evitar o conflito, a justificativa se dá pela percepção da polarização atual entre esquerda e direita e constrói-se um argumento que põe o centro como pragmático.

> *Bento: Uhum, claro. Política é uma coisa que eu comecei a estudar recentemente pra ser bem sincero assim, ano passado eu já tinha um pouco de visão, eu sou totalmente contra a polarização, eu acho que eu sou um cara muito mais central, assim, acho que em diferentes da sociedade, momentos que a gente vive, a gente precisa de determinados tipos de governo, entre aspas. Não sou polarizado, não, não, não, não afirmo que sou de direita, se eu sou de esquerda, não afirmo. Eu acho que eu sou um cara bem, o que precisa, sabe? Não, não gosto dessa polarização.*

O contexto polarizado justifica a posição central quando esquerda e direita representam formas de isolamento e conflito. Assim, além de um não lugar, pode ser uma posição de intermediação que não serve somente como forma discursiva de escapar da identificação não dialógica, mas busca de caminhos que possibilitem intermediação.

> *Leandro: Ahn, assim, até dois mil- até a eleição que eu acho que é a que mais mexe o país que é a de presidente, né? E de senador, enfim, que é 2014, 2018 agora 2022. 2014 eu não acompanhei, né? Porque eu tinha 11 anos, então, não tive nenhum movimento. 2018 eu ainda não podia votar, mas eu tava completamente sabendo e acompanhando tudo e acho que me marcou muito, me traumatizou, na verdade, bastante o radicalismo, as pessoas não poder ter um, um meio termo, entender um lado, entender o outro e fazer sua opinião, não! Ou as pessoas seguiam a opinião de alguém muito ferrenhamente ou do outro muito ferrenhamente ou xingava a opinião do outro muito ferrenhamente e isso começou a criar brigas entre famílias, namoros terminando, amigos nunca mais se falando. A minha tem, completamente opostos, tem uma parte completamente dum pensamento e outro completamente outro pensamento e isso causou, claro, a gente não se afastou, graças a deus, não teve nenhuma briga de fato, mas naquela época que eu lembro da eleição era como se fosse agora com a pandemia, era só esse assunto e era sempre discussões e um querendo provocar o outro. Então, eu acho que isso me traumatizou muito e isso me fez criar um pensamento de não seguir algum, algum dogma, alguma coisa que seja exatamente isso que tem que ser seguido, alguma... não sei explicar. Mas, enfim, então, eu tento sempre andar naquele meio termo assim de, tipo, ouvir um lado, ouvir o outro e formar a minha opinião que de centro, né? Não tem nem direita, nem esquerda, ter alguma coisa de centro, de formar a minha opinião até não sobre política, mas também sobretudo da sociedade, de mundo e sempre ter a minha opinião, não cair sobre a opinião dos outros, entendeu?*

Parece central à posição então um distanciamento da esquerda ou direita, especialmente em razão do contexto da polarização, aparecendo para esses jovens os conflitos e a impossibilidade de diálogo naquilo que percebem como extremos. Assim, afastam-se relativamente do envolvimento político a partir da declaração de centralidade de opiniões.

Jovens de direita: conservadorismo, economia e religião

Da mesma forma que procedi com jovens da esquerda e extrema esquerda, associo aqui os jovens da direita e extrema direita como pertencentes à mesma unidade geracional, dado haver uma série de continuidades comportamentais, valores e percepções sobre seus antagonistas. Quinze vírgula oito por cento responderam ter identificação política com a direita.

No nível distal, a análise multivariada mostrou que os estudantes do gênero masculino possuíram probabilidade 3,56 vezes maior de identificação política com direita do que os estudantes do gênero feminino. Os estudantes de cor da pele negra apresentaram 61% menor probabilidade de se identificarem politicamente com direita quando comparados aos estudantes de cor da pele branca. Estudantes de escola privada, quando comparados a estudantes de escola estadual, apresentaram maior probabilidade do desfecho; e estudantes que afirmaram ser católicos e evangélicos apresentaram maior probabilidade de identificação com direita quando comparados àqueles agnósticos ou sem religião (57% e 57%).

Não houve associações estatisticamente significativas com o desfecho no nível intermediário de análise. No nível proximal de análise, a participação em grupo esportivo, musical, de artes cênicas, dança ou CTG mostrou associação com a identificação política com a direita. Estudantes que afirmaram nunca conversar sobre política apresentaram RP=0,44 (IC95%=0,21-0,94) para o desfecho. Estudantes que afirmaram que todos os assuntos devem ser discutidos na escola apresentaram probabilidade 45% menor de identificação política com direita, quando comparados aos estudantes que afirmaram que não são todos os assuntos que deveriam ser discutidos na escola.

Os jovens que se identificam com a extrema direita totalizam 5,5%. A Tabela 6 apresenta as análises bruta e ajustada para fatores associados à posição política com extrema direita. Na análise ajustada, mostraram-se significativamente associados ao desfecho as variáveis gênero, tipo de escola, religião, fonte de informação mais confiável, fonte de informação menos confiável e conversar sobre política.

No nível distal de análise, estudantes do gênero masculino apresentaram probabilidade 3,73 vezes maior de identificação política com extrema direita quando comparados a estudantes do gênero feminino (IC95%= 2,19-6,37). Estudar em escola privada foi associado ao desfecho, com esses estudantes apresentando RP=1,62 para o desfecho quando comparados a estudar em escola estadual. Ainda no primeiro nível de análise, estudantes que afirmaram ser católicos, espíritas ou evangélicos apresentaram maior probabilidade de identificação com extrema direita quando comparados àqueles agnósticos ou sem religião (127%, 183% e 262% maior, respectivamente).

No nível intermediário de análise, os estudantes que afirmaram serem os professores, os amigos ou colegas ou sites de notícias a fonte mais confiável de informação apresentaram menores razões de prevalência de identificação política com extrema direita quando comparados aos que consideram os familiares a fonte de informação mais confiável. Quando perguntados sobre a fonte de informação menos confiável, estudantes que afirmaram serem TV ou rádio a fonte menos confiável apresentaram maior probabilidade de identificação com extrema direita quando comparados aos que afirmaram serem os sites de notícias a fonte mais confiável de notícias (RP=5,28 IC95%=2,37-11,78).

No nível proximal de análise, conversar raramente sobre política, quando comparado a conversar sempre sobre política, se mostrou associado ao desfecho, apresentando esses estudantes probabilidade 58% menor de identificação política com extrema direita.

Em síntese há uma predominância do gênero masculino, raça branca, escola particular e religião católica, espírita ou evangélica com a posição de direita e extrema direita, sendo também relevante a maior confiança na família como fonte de informação sobre política e a pouca ou rara conversa sobre o tema. Todas as características são antagônicas àquelas da esquerda e, novamente, precisam ser interpretadas como um tipo-ideal, considerando que jovens de direita não terão necessariamente tais características. Por exemplo, um dos rapazes entrevistados é de uma escola federal. Lembrando a interpretação que fiz da soberba de jovens de esquerda, considerando que seus antagonistas não sabem do que falam, a partir das entrevistas não é possível chegar a tal conclusão. Mesmo com menor número de entrevistas com jovens dessa unidade geracional foi possível observar a ideia do conservadorismo. Hector, o jovem da escola federal, define da seguinte forma:

> *Entrevistador: Uhum. E como é que tu te vê politicamente, Hector?*
>
> *Hector: Se for definir em uma única palavra: conservador.*
>
> *Entrevistador: Conservador? E isso significa o quê pra ti, assim? Em termos de comportamento, han, em relação a preocupações, han, como é que tu poderia dizer assim "ser conservador é tal coisa"?*
>
> *Hector: Ser conservador, no meu ver, é claro, é porque eu acredito naquilo como nas próprias palavras do Dr. Eneas, eu acredito naquilo que é clássico, eu lembro e protejo naquilo que é clássico. Coisas que não importa quão velhas forem vão sempre tá certa, não tem como. (inaudível) sabedoria, vão ter coisas assim, o quadro conservador, conservadorismo, pra mim, vem da própria palavra*

"conservar" coisas que com o tempo serão esquecidas. Uma parte do conservadorismo é proteger essas coisas pra impedir que elas sejam esquecidas. Uma parte da história, conservar a história, as coisas, pessoas, os pensamentos. Assim como controlar e evitar excesso, controlar eu acho que é uma palavra forte demais em relação a, mas evitar o excesso de novas ideias, por exemplo, (inaudível) demais, não podemos proteger tudo, esse é o controle. Aspirar a inovação, mas proteger aquilo que já existe.

Entrevistador: "Aspirar a inovação, mas proteger aquilo que já existe" foi isso que tu falou né?

Hector: Sim.

A definição de Hector é acadêmica e traz como exemplo político o "Dr. Enéas", símbolo frequente para muitos jovens que se identificam com essa visão de mundo. É, portanto, uma construção que não é produzida no nível do senso comum. Na entrevista que fiz com ele disse que se aproximou da política a partir dos vídeos de Nando Moura, um youtuber que inicialmente fazia vídeos sobre música e com o passar do tempo passou a tratar de política num recorte de direita.

Gustavo, que também se define como conservador, traz as questões que são contemporâneas para a construção dessa visão de mundo:

*Gustavo: Eu não, como é que é, eu não sei, tipo assim, exatamente, exatamente eu não sei de política, né? Mas eu tenho posicionamento, por exemplo, eu não sou radical tanto dum quanto do outro lado. Mas, os dois lados tem coisas boas, eu acredito. Mas, eu me consideraria mais de direita porque eu realmente eu sou mais conservador, meu pensamento em relação a **ideologia de gênero, crença religiosa, família, forma de trabalhar** [grifo meu], forma de (inaudível). Eu me consideraria mais da forma de direita, do lado direito.*

As questões apontadas constituem quase o tipo-ideal verificado na pesquisa quantitativa. Estudante de escola privada, pouco ou nada inclinado a conversar sobre política – quando o faz, é exclusivamente com seus familiares – e evangélico, em dado momento da entrevista, ao falar de religião, expressou a visão maniqueísta própria da atualidade, justificando teologicamente a diferença entre o bem e o mal:

Gustavo: Ahn, tipo, é, como é que eu posso resumir? Em poucas palavras, ahn, a gente, né? A gente acredita que tudo, eu até acho que certamente comentei contigo que deus criou tudo, né?

> *Que deus nos fez, que deus criou o mundo, que ele- só que, tipo,*
> *ahn, deus é o equilíbrio, vamos se dizer. Deus é quem fez tudo*
> *pra que tudo funcionasse da melhor forma possível, então, ahn,*
> *eu, do meu ponto de vista, o meu posicionamento é isso daí tudo*
> *que deus fez, tudo o que deus faz pra manter o equilíbrio, mas*
> *não é o equilíbrio pra mim ou pra ele, é o equilíbrio melhor pra*
> *todos nós, pra gente conseguir viver em sociedade, né? Tanto é*
> *que o Antigo Israel, né? Outro deus ou escolhido por deus era,*
> *eles eram equilibrados, vamos se dizer assim, entre aspas porque*
> *eles funcionavam bem, a sociedade, né? Eu acredito nessa parte,*
> *do melhor convívio e tudo mais, mas que, também isso daí nos*
> *ajuda muito no sentindo da perseverança, né? Tipo, em família*
> *ou com qualquer outras pessoas porque a gente sabe que por falta*
> *desse equilíbrio, né?* **Que as pessoas muitas vezes não acreditam**
> **e tudo mais, eles perguntam, eles, sei lá, faz tudo o que é errado.**
> **Maltratam o próximo, matam crianças, estupram crianças, né**
> [grifo meu]? *Então, é esse o papel, é o equilíbrio, é o que dado, é*
> *o amar o próximo, né?*

A maldade então é inerente àqueles que não creem em Deus, o que faz com que somente aqueles que professem uma fé (cristã) sejam bons. Gustavo também é um crítico do uso de drogas, trazendo uma experiência familiar negativa para sua rejeição e tratando o tema como um continuum entre drogadição e crimes de outros tipos, vendo-os como relacionados.

> *Gustavo: Ahn, o que me preocupa é no seguinte, da que, por exem-*
> *plo, não é o que faz mal da pessoa droga, a pessoa tá afetando ela*
> *mesmo, então, isso daí pra mim é indiferente. Mas o que é diferente*
> *é o problema dela tá afetando outras pessoas, seja talvez através*
> *do roubo, seja através da própria família de preocupação, anseio,*
> *e que nem muito gente, não sei qual que é o teu posicionamento*
> *também, mas tu tá perguntando o meu, eu sou total- que nem eu já*
> *ouvi uma vez um conhecido falando "a maconhazinha que alguém*
> *fuma, passou pela mão de muita gente pra chegar até as tuas mãos".*
> *Então, tanta gente, ahn, começou a, passou tanto dinheiro pra*
> *prostituição, criança, morte, assassinato, facção, tanta coisa pra ti*
> *poder fumar uma maconha de dez reais, no máximo, assim. Então,*
> *além de- eu já perdi familiares por esse rumo, assim, e quase, graças*
> *a deus, já quase, graças a deus quase perdi amigos, mas que alguns*
> *já se ligaram que não é esse caminho. Às vezes as pessoas acham*
> *que é bobagem que é uma, sei lá, uma bebida, depois tá fumando,*
> *quando vê já tá usando, quando vê já tá cheirando e não tem mais*
> *saída. Então, eu acho que tem que ser um dos (inaudível) que tem*
> *que ser batido além de (inaudível) relacionado (inaudível) crença*

> *religiosa, né? E, vamos supor, eu acredito que deus pede pra gente não usar droga porque vai fazer mal pra nós. Pra outras pessoas, só que juntando tudo isso por aí, não faz mal pra mim, faz mais mal pra outras pessoas também. Então, quer dizer que, de certa forma, deus pensou até nisso.*

O tema das drogas apareceu também na entrevista de Hector quando falava sobre pessoas de sua idade que via "bebendo e perdendo o controle". Além de questões morais, alguns jovens que se identificaram como de direita davam ênfase a uma visão econômica "liberal". Muitos questionários que foram aplicados em uma escola privada junto à escala ideológica, preenchida entre os números 9 a 10, traziam escrito ao lado termos como *anarcocapitalista*, *liberal*, entre outros. Uma jovem se definiu da seguinte forma:

> *Priscila: Então, acho que meus ideias, eu sou puxando mais pro liberalismo político e econômico, ahn, é difícil porque eu concordo com algumas coisas do liberalismo, mas tem outras que eu discordo totalmente, então, eu ainda não achei o meu lugar ali que eu sento e digo "ah, é aqui!". Eu diria que eu sou mais liberal economicamente, mas socialmente eu não sei muito a minha posição. Eu concordo com algumas coisas e eu sou a favor do aborto, sou a favor da legalização das drogas, eu sou a favor dos direitos humanos, acho que todo mundo é a favor dos direitos humanos, né? Mas em projetos sociais eu sou a favor, pelo voluntariado isso me ensinou muito também, questões sociais. Mas ao mesmo tempo em questão política eu sou bem diferente, entende? Então, são dois patamares diferentes.*

Priscila, diferentemente de Gustavo e Hector, não traz valores moralistas conservadores. Ao contrário. Sua posição política de direita é justificada a partir de sua visão econômica liberal. Relembrando as prioridades no debate na escola, o empreendedorismo é trazido por Priscila como algo importante:

> *Priscila: Posso ser meio ignorante no que eu vou falar porque eu não sou muito conhecida, mas eu diria que o liberalismo econômico, eu sou a favor do Estado mínimo, sou a favor de privatizar algumas coisas hoje no Brasil, ahn, sou a favor do empreendedorismo, de favorecer o empreendedorismo, eu acho que por ter uma irmã empreendedora, um pai empreendedor, a gente vê isso bem de casa, bem nitidamente, ahn, o que mais? Ah, eu acho que é mais ou menos isso que eu entendo por liberalismo.*

Nessa visão liberal também o Estado é um tema que se apresenta como importante. Fabiano, crítico dos altos impostos e do não retorno necessário à população, vê o tamanho do Estado como problema central.

> *Fabiano: eu, eu aprendi bastante lendo na internet, sabe? Que o ((suspiro)) o Estado, ele, ele já tem muito poder, ele é o Estado, tu*

> *não tem como lutar contra o Estado, é, a gente já paga os impostos de quem trabalha pro Estado, a gente paga também impostos pros políticos, né? Que eles já recebem salários absurdos e não trabalham como deveriam. O meu problema, o meu grande problema é os impostos, sabe? A gente já tem uma moeda desvalorizada, a gente já paga impostos altíssimos e esse dinheiro não retorna pra população, eu não acho errado pagar impostos, eu acredito que imposto seja necessário pra manter os serviços públicos funcionando tanto como eu quanto o senhor, todo mundo utiliza os serviços públicos. Só que, é, é muito altos os valores, sabe? Tipo, uma família não consegue sobreviver recebendo novecentos reais, comprar comida, pagar eletricidade, pagar água, ter um pouco de conforto, muito por, pelos impostos cobrados, né? Imposto sobre a água, sobre a luz, sobre a internet que tu paga, sobre tudo que tu compra, sabe? É o imposto sempre tá reinando aí no Brasil e o imposto a gente sabe, não é utilizado pra coisas úteis como pagar salário de professores ou médicos da saúde pública, não! Ele é usado muitas vezes pra pagar e financiar, ahn, coisas relacionadas a política, então, é por isso que eu tenho um pouco de abominação contra o Estado @(.)@*

Assim como entre os jovens de esquerda entrevistados em que não havia uma adesão incondicional ao petismo (salvo Iris), esses jovens também não apresentaram uma adesão ao bolsonarismo. Hector inclusive se disse decepcionado com Bolsonaro, que, em seu entendimento, manipulou os eleitores por não defender verdadeiramente o conservadorismo:

> *Entrevistador: Entendi. E quando tu fala manipulável, tu poderia me dar um exemplo assim? Como é que tu percebe isso?*
>
> *Hector: Vamos dizer assim, eu vou usar um exemplo um tanto, um tanto, como eu posso dizer? Pode incomodar muita gente, eu vou usar o próprio presidente.*
>
> *Entrevistador: Uhum.*
>
> *Hector: Ele teve ações que me manipularam, fez as manifestações, andou por aí, falou de forma direta e clara sem ficar censurando as palavras, que é o que eu apoio, fez muita coisa, ele brincou com aquilo que as pessoas acreditavam, as pessoas da direita (inaudível) pra ser eleito. Suas intenções importavam, o modo de agir importava e tu agia, basicamente, vendendo, como um comércio, vendeu sua própria eleição (inaudível). Isso eu acho que é manipulação.*

A visão política desses jovens não é, então, de adesão à figura de Bolsonaro. Pelos jovens de direita foi pouco citado, salvo em situações de desconfiança e não de adesismo. É uma referência no sentido de que significa um marcador da direita brasileira atualmente, mas a autoidentificação como direita não passa necessariamente pela aceitação de tal identidade bolsonarista.

Em resumo, os dados estatísticos apresentam que o tipo-ideal entre os jovens que se veem como de direita é mais provavelmente homem, branco, de religião católica ou evangélica, evita falar sobre política e é avesso ao debate de alguns temas políticos na escola. Tem uma visão conservadora sobre o mundo, dando centralidade à família (tradicional), e é moralista sobre diversos temas, como gênero e drogas. Também há a defesa da perspectiva liberal como relevante, defendendo o empreendedorismo e o Estado mínimo, sem entrar em questões morais. Parece haver então duas formas de representação da direita e tais perspectivas não estarão necessariamente juntas, mas podem se apresentar dessa forma na militância contemporânea de muitos jovens, como aqueles do Movimento Brasil Livre (MBL) ou do Partido Novo, numa união de grupos conservadores e liberais de diversos recortes. Camila Rocha (2021) analisou essa trajetória sobre a união de diversos grupos que vieram a constituir o que denomina como nova direita e que combinam neoliberalismo e conservadorismo, unindo referências como Mises e Olavo de Carvalho e tornando-se populares entre jovens, especialmente, em minha interpretação, por não agirem como a antiga direita, em tom elitista e aristocrático, em resumo, com soberba. Para a autora:

> Ao contrário da direita envergonhada atuante no país desde a redemocratização, pautada em uma defesa de algo hesitante do livre mercado e em um conservadorismo difuso, a nova direita não tem nenhuma vergonha de se afirmar como tal. Unificada em torno do combate ao que considera ser uma "hegemonia cultural esquerdista", age em defesa de uma combinação de radicalismo de mercado e conservadorismo pragmático e visa romper com o pacto democrático de 1988 (Rocha, 2021, p. 9).

Salvo a ideia de rompimento democrático, foi possível perceber de forma difusa, dado não se tratar de militantes políticos, a percepção da autora sobre um *éthos* conservador e liberal entre esses jovens.

Jovens que não se identificam politicamente: Gersons, decepcionados e busca por posição

Os jovens que declararam não ter identificação política correspondem a 27,0% da amostra. A Tabela 7 apresenta as análises bruta e ajustada para fatores associados à ausência de identificação política. Na análise ajustada, mostraram-se significativamente associados ao desfecho as variáveis tipo de escola, ano do ensino médio que cursa, rede social mais utilizada, fonte de informação mais confiável, conversar sobre política e participação em manifestação política.

A análise multivariada apresentou menor razão de prevalência à ausência de identificação política a estudantes de escola privada ou federal quando comparados aos estudantes de escolas estaduais (RP=0,51, IC95%= 0,39-0,67 e RP=0,64, IC95%=0,48-0,85, respectivamente) e entre os estudantes do terceiro ano do ensino médio, em comparação aos estudantes do primeiro ano. Há então uma prevalência de estudantes do ensino médio e dos terceiros anos nesse grupo. No nível intermediário de análise, estudantes que afirmaram serem os professores a fonte mais confiável de informação apresentaram probabilidade 29% menor de ausência de identificação política com algum grupo quando comparados aos que consideram os familiares a fonte de informação mais confiável, algo que os aproxima daqueles jovens à direita, portanto não sendo uma exclusividade de um único grupo. Ainda, dado não conversarem sobre política, há menor confiança nos professores, pois o debate sobre o tema se dá em espaço público, o que rejeitam. Uma possível inferência, compreendendo a estrutura conservadora do país, é que tal posição expressa uma perspectiva individualista que, mesmo rejeitando a política, aproxima-se em vários pontos com posições mais conservadoras.

No nível proximal de análise, conversar sobre política apresentou associação com o desfecho. Estudantes que afirmaram conversar às vezes, raramente ou nunca sobre política apresentaram probabilidades 2,47, 4,50 e 6,04 vezes maior, respectivamente, de não se identificar politicamente quando comparados aos que afirmaram conversar sempre sobre política. A probabilidade dos estudantes que já participaram de manifestação política foi 38% menor de não se identificarem politicamente quando comparados aos que afirmaram não ter participado de manifestação política. Esses dois últimos dados me parecem os mais robustos para identificação dos jovens que não se identificam politicamente, tratando-se de questões comportamentais: não conversar sobre política e não participar de manifestações, o que constitui duas possibilidades nesse grupo, a partir das informações das tabelas 2 a 9 e das entrevistas: uma atitude desinteressada sobre política ou um afastamento como forma de buscar compreender melhor as questões políticas.

O primeiro caso defino, mesmo que anacronicamente, como Gersons, em alusão à propaganda de cigarros protagonizada pelo jogador de futebol Gerson, integrante da Seleção Brasileira de 1970. Nessa propaganda o jogador falava: – *Por que pagar mais caro se o Vila me dá tudo aquilo que eu quero de um bom cigarro. Gosto de levar vantagem em tudo, certo? Leve vantagem você também.* Tal frase cunhou o que se definiu como Lei de Gerson, que, mesmo não sendo a intenção de quem fez a propaganda, tornou-se símbolo de malandragem, de tirar vantagem de forma individualista. A jovem Solange inspirou essa analogia. Perguntada sobre política, comentou: *"Olha, como eu não gosto muito de política e também não me importo muito porque eu quero logo sair do Brasil".* Baseados em truísmos do senso comum, muitos jovens dessa unidade buscam qualificar o comportamento dos políticos e da população de forma negativa como maneira de justificar seu afastamento, compreendendo os problemas pela "falta de vontade".

> *Solange: Olha, sobre política, eu não sou muito ligada nisso, na verdade por conta que, basicamente minha vida é estudo, então tudo que eu faço é pra isso praticamente, porque como eu quero ser médica, eu tenho um grande caminho a chegar. Mas, sobre política, eu só acho que muitas as coisas que acontecem aqui, principalmente no Brasil, são falta de estudo, são falta de alguém realmente ter interesse de ir lá e mudar o Brasil, não só interesse de ganhar dinheiro, sabe? Eu não acho muito que ele seja um, umas pessoas, uma comunidade que visa o próximo ou que queiram ajudar as pessoas com mais, é, menos dinheiro ou menos, enfim, acesso, sabe? Eles não são muito equilibristas no momento. Eu acho que eles são bem pontuais em ajudar as pessoas, não acho que eles sejam umas pessoas, ou os políticos, sejam pessoas que queiram ajudar o próximo, isso me incomoda, mas não é uma coisa que eu queira mudar por conta que o meu foco é outro.*

Há aqueles que já interditam a conversa de início, como Priscila:

> *Priscila: Olha, não entendo nada (risos), ahn, não entendo nada sobre política só, é, eu não entendo nada sobre política. Não adianta nem...*

> *Entrevistador: E você costuma discutir sobre política?*

> *Priscila: Não, não. Só, tipo, o que eu ouço falar disso e daquilo, mas tipo, de estudar pra saber, pra ver se é verdade essas coisas, não.*

Comentou posteriormente que nas raras situações em que conversa sobre política é com seu namorado, bolsonarista, que acaba se irritando com ela quando fala algo que contradiga a figura do ex-presidente.

> *Entrevistador: Ah, e como costuma ser essas conversas?*

> *Priscila: Ah, eu escuto bastante com o meu namorado por causa disso porque ele é muito do Bolsonaro né? Ele não gosta que fale mal, essas coisas, mas aí eu falo "ah porque ele é isso, ele é aquilo" mas, é só de brincadeira assim mesmo.*

> *Entrevistador: Ah, entendi.*

> *Priscila: Porque na verdade eu não levo tanto a sério, né?*

Esse afastamento, então, não ocorre necessariamente por uma postura individualista, podendo se dar por uma questão de gênero. Nas vezes em que Priscila tenta conversar sobre o tema é com seu namorado e num sentido contrário ao que ele defende e, por frustração, acaba se calando, o que parece, neste caso, a sublimação pela entrevistada do machismo de seu namorado.

> *Priscila: Não sei, tipo, aparece aí, aí eu já nem comento né, não comento porque sempre, sempre ele vem vai lá, ele sempre tem, eu sempre perco, no caso, uma discussão sobre Bolsonaro. Então, eu já nem falo mais.*

> *Entrevistador: E as conversas que você tem com ele, é, como elas são?*

> *Priscila: Tipo, quando é sobre política?*

> *Entrevistador: É, poderia me dar um exemplo?*

> *Priscila: Ele no caso sempre tenta defender o Bolsonaro né? Porque eu sempre falo mal e ele vai lá e defende, aí fala que o tanto que ele fez de bom pra nós, não sei o que, é, eu sempre tento, sou o contrário.*

De forma semelhante ao que ocorre com jovens do centro, esse afastamento também pode ter um sentido de não lugar mais radical. É a recusa de participar efetivamente, incluindo buscar argumentos de mediação, ocorrendo pela percepção de impossibilidade de poder intervir de algum modo na realidade, como argumenta Bianca.

> *Bianca: Eu vou ser bem sincera, eu não sou muito de pesquisar sobre política, de falar sobre política por causa que eu não, eu não, não, como é que vou te explicar? Eu não me, eu queria entender, mas também não me esforço pra entender porque eu sei que eu iria me decepcionar muito com a política que a gente tem no Brasil, entende?*

A jovem traz como justificativa para tal afastamento a morte de Marielle, pessoa que respeita e que, como argumenta, foi morta pelos seus ideais.

> *Bianca: Então, eu acho que a questão, uma das coisas que me marcou muito assim, foi a: morte da: Marielle.*

> *Entrevistador: Uhum.*

> *Bianca: Foi uma das únicas que eu iria apoiar muito ela chegar aonde ela queria.*

> *Entrevistador: E por que e como é que isso te marcou, Bianca? Tu podia me explicar?*

> *Bianca: Porque eu acredito que ela, infelizmente, foi morta pelas ideias que ela tinha de colocar mais na sociedade, pra sociedade ser mais livre.*

> *Entrevistador: Entendi, bom, tu disse que não te interessa muito, mas tu costuma a conversar em algum momento com alguém sobre política?*

> *Bianca: Eu só escuto, mas não sou muito de falar sobre. (inaudível) as pessoas falando sobre.*

A posição pode aparecer também como provisória em alguns sentidos, como o atribuído por Paulo. Sua posição atual é a de afastamento por não se entender suficientemente "maduro" para opinar, requerendo estudar mais e compreender melhor a realidade política para então poder participar.

> *Paulo: Cara, eu não tenho, eu, eu costumo, mas é entre os meus amigos, não chega a ser muito sério, assim, eu acho, que a gente começa a comentar, mas eu não tenho nenhum lado ainda também isso é uma questão de quando, que, da, que eu falei da passagem do jovem pro adulto, né? Eu não procuro uma resposta, eu procuro uma pergunta boa pra seguir. Então eu ainda não tenho nenhum lado, uma hora eu vejo que faz sentido uma coisa, outra hora do outro lado faz sentido também, então é mais por pesquisar por enquanto.*

A ideia de posição provisória é presente em todos os espectros políticos, mas parece ser mais significativa entre os jovens que *não se identificam*. Explicando melhor, as posições políticas não são necessariamente rígidas, ou "calcificadas". Filipe, o rapaz trans que se posicionou como de esquerda na entrevista à época da aplicação do questionário (2 anos antes), colocava-se na posição de *não me identifico*. Em seu caso a posição social no contexto político, elemento fundamental a partir da perspectiva da sociologia do conhecimento, é importante para compreender sua visão de mundo. O mesmo valendo para esses jovens que não se identificam atualmente. Cabe então analisar o sentido atribuído a essa posição e aparecem duas orientações como mais significativas. Ambas buscam se afastar da política, seja na conversa ou participação. O primeiro dá um sentido ao afastamento de forma individualista, compreendendo a ação do outro como aquela que atribui a si, resolver seus problemas individualmente, o que leva a um comportamento cínico e, em meu entendimento, esse é o tipo estrutural médio de comportamento político. O segundo, expressão conjuntural e geracional de fato, não se identifica pelo sentimento de impotência e, observando as entrevistas, pela violência, seja física ou simbólica, sendo relevante a questão de gênero.

CONSIDERAÇÕES FINAIS

A análise geracional aplicada à juventude, ao mesmo tempo que possibilita a ampliação do entendimento das formas de agir, dos estilos de pensamento e, em especial, das variações dentro da geração, também impõe alguns desafios. Entendo que esta perspectiva requer uma abordagem que considere a comparação entre gerações, de modo a identificar aqueles elementos que diferenciam os comportamentos – em especial as novas questões que são colocadas como centrais para cada uma das gerações –, e um estudo longitudinal, de forma a acompanhar o desenvolvimento dos comportamentos ao longo do tempo, considerando em especial as possíveis mudanças da capacidade de agência em relação ao contexto em que se encontram. Não é comum que as pesquisas abordem aquilo que lhes faltou, mas considero esta etapa fundamental.

No que diz respeito à comparação, busquei trazer pesquisas que subsidiassem as observações e resultados encontrados, identificando, quando necessário, as diferenças de orientação coletiva das gerações. Quanto à perspectiva longitudinal, dado requerer um longo período de tempo de acompanhamento, não foi realizada neste estudo. A presente pesquisa se propôs a acompanhar um coorte etário, tendo a formação escolar como uma das variáveis para localização dos informantes considerando que na faixa etária pesquisada a maioria dos jovens do país encontram-se no ensino médio. É preciso reconhecer, no entanto, que aqueles segmentos que não estão no ensino médio (um pouco menos de 25%), não foram analisados. É, então, uma proposta de análise inicial, dada a compreensão da necessidade de ser realizado um estudo contínuo a partir dessa abordagem, de jovens da geração que passa a considerar e participar dos acontecimentos políticos a partir das eleições de 2018.

Para o objetivo proposto de compreender alguns traços desses jovens, a etapa quantitativa possibilitou construir uma série de análises sobre o perfil ideológico, preferências e correlação de variáveis muito úteis para a definição daquilo que se mostrou como mais central à construção tipológica das unidades geracionais. A etapa qualitativa, não como método complementar, mas sim como elemento central para a construção de uma tipologia praxiológica, também foi fundamental para a pesquisa, demonstrando a incompletude da análise ao se ater somente em *survey*. Cabe observar, no entanto, que o critério para a construção de uma amostra teórica, considerando a saturação de informantes, foi fortuito em quase todos os casos, mas em menor proporção junto aos jovens autoidentificados à direita. Assim, mesmo tendo sido possível a realização de entrevistas muito interessantes com os jovens desse recorte ideológico, não é possível afirmar a saturação junto a esse grupo na mesma proporção dos respondentes autoidentificados à esquerda, por exemplo. Também a questão racial não foi aprofundada pela menor quantidade de jovens negros na amostra, representativo do universo pesquisado do RS. Não foi intencional a sub-representação dado a amostra buscar a representação do universo. Dados da Secretaria de Educação do RS sobre as matrículas na educação básica apontam que 84% dos matriculados são brancos, 5% pretos e 10% pardos. Na amostra obteve-se o resultado de 70,6% de brancos, 10,2% de pretos e 16,2% de pardos. É importante considerar, mesmo com esse menor percentual, que a variável raça se mostrou como interveniente significativa para a determinação da posição política (negros à esquerda) na etapa quantitativa. Mesmo com tais percalços, comuns a todas as pesquisas em graus variados, os resultados obtidos, espero, servem para auxiliar na reflexão sobre a juventude na atualidade, com ênfase nos aspectos políticos que foram destacados nos últimos capítulos. Antes, é interessante destacar alguns tópicos que parecem estar presentes no conjunto dos(as) entrevistados(as), considerando a posição geracional.

Quando ouvimos as respostas sobre suas interpretações do que é ser jovem, conseguimos perceber a razão por que as pesquisas utilizam o termo *juventudes*. Geralmente o termo é utilizado para descrever a diversidade de possibilidades de existência, mas são também muito interessantes os sentidos diversos atribuídos ao que entendem por juventude num nível subjetivo. "Inseguranças", "liberdade", "não ser levado a sério", "pressão dos familiares", diversos sentimentos e impressões que, de modo geral, parecem ser guiados por um entendimento da juventude como etapa de transição e, talvez mais importante, de autoconstrução, como sintetiza Airton: ...*eu comecei a pensar nas coisas que eu fazia porque eu entendia que eu tava fazendo eu tava construindo um adulto, sabe? Então, ser jovem é uma eterna construção...*

Os sentidos principais atribuídos à escola disseram respeito, via de regra, às possibilidades abertas de expressão, de sentir-se aceito(a), de descobertas, processos que dizem respeito à sociabilidade que é proporcionada nesse ambiente. Para alguns, o ensino médio representa um momento de preparação para aquilo que se tornarão na vida adulta, como um *"momento começa a entender o teto do teu futuro e começa a se ver, a se ver como pessoa dentro da sociedade"* (Leonardo). Foi comum a indicação da escola como espaço que possibilitou o desenvolvimento de aptidões que lhes indicam os caminhos para o futuro, de viver experiências que dizem respeito não somente às preocupações laborais, mas da possibilidade, quando lhes é aberta, de expressões diversas e que lhes marcam as suas características individuais, como Fernando, acolhido no seu processo de transição de gênero, ou Isadora, que compreende, a partir daquilo que viveu em sua escola, que *"se [...] não tivesse entrado na [escola X], com certeza, eu seria uma pessoa completamente diferente, sem dúvidas!".*

Em relação à pandemia, foi possível verificar as dificuldades econômicas como uma constante para os jovens e suas famílias, reduzindo oportunidades de trabalho e levando a maior dependência da renda da família, atingindo possibilidades de sociabilidade e educação. Para aqueles(as) que não tinham preocupação com a questão econômica, observou-se maior ênfase narrativa na mudança do padrão de sociabilidade, considerando o distanciamento de seus pares, interrupção de atividades lúdicas e projetos previamente elaborados. Nesse sentido, afirma-se a existência de uma moratória geracional restrita. Ao não ser acessível à maioria da juventude, ela restringe a possibilidade da produção de projetos de longo prazo, dada a imanência das preocupações econômicas cotidianas que recaem sobre si. Tal moratória também possibilita a ênfase com preocupações lúdicas, não precisar se preocupar com o próprio sustento, outra restrição observada nas falas.

Considerando a educação durante o período pandêmico, foi dada ênfase sobre a disponibilidade de equipamentos adequados, *internet* e um ambiente próprio para o estudo foram as principais preocupações, majoritariamente entre estudantes do ensino estadual ou entre famílias com dificuldades financeiras durante a pandemia. Isso dificulta o processo de ensino-aprendizagem, pelo problema na comunicação, acúmulo de tarefas, entre outros. De modo geral, a mudança das relações presenciais para virtuais gerou sentimentos negativos, especialmente pela interrupção do contato com colegas e da rotina escolar.

No que se refere à política, a emergência geracional considera como marco de referência para esses jovens o período eleitoral de 2018, num contexto polarizado e em que as posições são marcadas principalmente entre petismo e bolsonarismo como extremos. Aqui, ressalto que a diferença para esses jovens é que tal demarcação e polarização são o contato novo, momento em que começam a observar e participar das questões públicas e que se relacionam na maioria das vezes com o privado, como se viu em diversas falas sobre as disputas familiares envolvendo política. Como regra, constatação generalizada, a situação de conflito é algo percebido como dado.

A polarização será enfrentada de modo diferente a depender da situação e visão de mundo do jovem. Ela se apresenta o não reconhecimento daquilo "que eles têm em comum com seus coetâneos, com aqueles que pertencem a unidades geracionais distintas e que também são jovens" (Weller; Bassalo, 2020, p. 402). Todos viveram a pandemia, mas geraram respostas distintas para enfrentá-la. Vivem em uma situação de recessão econômica, agora em recuperação, mas constroem diagnósticos e prognósticos distintos.

As formas como a polarização é performada são variáveis, incluindo situações em que é um elemento que serve como justificativa para a apresentação de posicionamentos "ao centro". Nos casos em que há um conflito de visões de mundo no ambiente familiar, alguns jovens preferem se ausentar de posicionamentos como maneira de evitar o conflito, afastando-se do debate político. Alguns vão declarar-se como de "centro". Há alguns casos, especialmente de alguns jovens de esquerda, que abraçam sua posição política como forma de enfrentar as posições antagônicas, não havendo mediações ou diálogos possíveis entre esses "extremos". No ambiente público o antagonismo será presente em sala de aula na forma de impossibilidade de diálogo ou silenciamento. De um lado, estarão os "comunistas" e, de outro, os "bolsominions". Tal polarização é perniciosa, pois percebe-se, eventualmente, risco em expressar a opinião. É assimétrica em razão da desproporcionalidade daquilo que um dos lados compreende como ação legítima em relação ao outro. É, entretanto, fundamental compreender que não há uma adoção mecânica de tais posturas. Por exemplo, jovens de direita não estarão mecanicamente relacionados a uma resposta violenta em relação a seus opositores. É, no entanto, mais provável que na atualidade seja esse campo ideológico o que dará respostas violentas a seus opositores. Já entre os jovens de esquerda, também é mais provável que a polarização se apresente como ridicularização da posição do outro, construindo-o como menos inteligente e enquadrando as posições conservadoras como pertencentes ao bolsonarismo. Tal atitude não será de todo esse segmento e tampouco produzirá resposta violenta a seu opositor. Tais reações ao outro não são um monopólio dessa geração, mas apresentam-se como percepção fundadora – contato novo – desses jovens em relação à política e, dessa forma, a norma.

Em relação à busca de informações, o que parece singularizar a geração é uma maior desconfiança em relação às mídias tradicionais (tv, rádio, jornal) e seu menor uso. Também é maior o ceticismo em relação àquilo que consomem nas mídias sociais, mas tal tendência também é presente em outros cortes etários. Existe também uma especialização no uso das mídias sociais, sendo uma para cada fim. Exemplos: o Facebook, mídia mais antiga, cai em desuso, servindo eventualmente para ter contato com informações sobre os mais velhos. O TikTok é uma plataforma mais recente e tem um fim de entretenimento e é mais imersivo. Considerando então essa maior imersão, a noção de vício no uso das plataformas foi algo percebido como preocupação comum entre esses jovens. Resta a dúvida se é um traço singular ou algo que está se colocando como fenômeno generalizado ou, confirmando-se tal tendência, de que formas essa adicção aparece para cada geração e que consequências terá seja na sociabilidade ou nos processos políticos, dado que é um meio cada vez mais utilizado para obtenção de informações (ou desinformações) sobre a política. Para esses jovens, aparece como uma competição de tempo para atividades estudantis, de sociabilidade ou para o uso do tempo de "forma útil".

Ao olhar para as unidades geracionais, busquei identificar, primeiro, quais variáveis são significativas para determinação do pertencimento às posições específicas e, posteriormente, de que forma se apropriaram e também como expressam suas visões de mundo. Uma melhor definição foi possível junto aos jovens que se declaram à esquerda e à direita, campos mais bem definidos no que diz respeito ao que defendem e contra quem dirigem-se. Os grupos que nomeei como de centro e não se identificam não têm características tão facilmente identificáveis, exceto no que diz ao comportamento que expressa suas posições. Explicando melhor: jovens à direita e à esquerda têm maior número de variáveis que ajudam a identificar suas posições a partir de variáveis sociodemográficas – raça, gênero, religião, tipo de escola (para inferir classe) etc. Irei me deter em ambos após os jovens de centro e que não se identificam.

Jovens de centro são em maior proporção mulheres. Costumam conversar sobre política, mas não participam de manifestações. É o grupo que aparece com maior grau de envolvimento na escola com representação de classe. Quando justificam seu posicionamento, geralmente consideram o contexto de polarização, servindo o centro como mediação entre polos ou como processo de amadurecimento, não tendo escolhido um lado – esquerda ou direita – em razão da necessidade de se apropriar dessas visões de mundo.

Jovens que declararam não se identificar são os mais distantes da conversa, participação e preocupação com a política, traço presente também em suas famílias ao considerar a participação de familiares em política ou se conversam em casa sobre o tema. É um segmento que tende a buscar alternativas individualistas para seus problemas e também, a partir do distanciamento, culpabilizar "os políticos" pelos problemas percebidos e, acredita-se, a partir desse distanciamento, justificar os problemas como não dizendo respeito a si.

A unidade geracional de jovens de esquerda tem em seus integrantes, mais provavelmente, mulheres que estudam em escola pública, já participaram ou participam de manifestações públicas, assim como algum familiar. A raça aparece como interveniente entre jovens de extrema esquerda, havendo maior incidência de jovens negros. Um dos elementos mais fortes para a identificação dessa unidade é o hábito de conversar frequentemente ou sempre sobre política, seja em casa ou na escola. Há uma variação das pautas defendidas, sendo as mais comuns os temas dos Direitos Humanos, contrapondo-se ao racismo, homofobia e racismo, vinculando tais valores, via de regra, com a direita e, mais exatamente, com o bolsonarismo. Também vinculam a esquerda com a preocupação com o próximo e com os direitos trabalhistas. Como resposta à polarização atual, alguns parecem adotar uma postura de intermediação, colocando-se como "centro-esquerda", contrapondo-se àquilo que identificam como "extremismos", e, regularmente, evitam o confronto, o que interpretei como uma expressão da esquerda envergonhada, dada a conjuntura atual, como expresso na posição de Lauro, que, mesmo defendendo posições de esquerda e compreendendo-se de tal forma, diz que se apresenta *com uma visão mais centrista hoje porque não tem muito o que fazer*, dada a percepção que muitas pessoas têm da esquerda.

Já outras adotam a identidade que lhes é atribuída, seja de "extrema esquerda", "comunista" ou termos similares, pois são definidores da diferença que é demarcada, no limite, com a outra unidade geracional de direita. No limite, esses que adotam a expressão de extrema esquerda adotam uma postura que entende os antagonistas como "burros", não havendo possibilidade de diálogo ou mediação, dadas as diferenças polarmente assimétricas na percepção dos valores defendidos, como expressa Maria quando enfrenta visões conservadoras e de senso comum reacionário: *"Então, isso me tira do sério e eu me irrito e eu não consigo falar calma, então, eu discuto e brigo porque burrice me irrita. Burrice de coisas que tu deveria saber, me irritam mais ainda. Então, porque tem coisas que pra mim deveria ser de senso comum, tipo, não deveria ter opinião a respeito de umas coisas, tu não deveria ter opinião sobre racismo, tu deveria saber as coisas."*

Os jovens da unidade geracional de direita são, mais provavelmente como se viu no resultado da pesquisa, homens, brancos, cristãos e estudantes de escolas particulares. Aqueles que se identificam como de extrema direita são mais provavelmente evangélicos. Não têm por hábito conversar sobre política e, quando o fazem, é no ambiente familiar. Foram observadas três orientações principais nas entrevistas. A primeira diz respeito à noção de conservadorismo, que tem origem numa visão de tradição, mas é a construção teórica de valores que devem ser preservados numa perspectiva política, constituindo-se, portanto, num estilo de pensamento (Mannheim, 1981; Weller; Bassalo, 2020).

A segunda orientação é religiosa, baseada numa visão maniqueísta de bem contra o mal, sendo a direita a representação desse bem tendo por base uma autopercepção de representantes a partir de sua crença, considerando, como argumenta Gustavo, *"Que as pessoas muitas vezes não acreditam e tudo mais, eles perguntam, eles, sei lá, faz tudo o que é errado. Maltratam o próximo, matam crianças, estupram crianças, né?"* A maldade, para esse jovem, é inerente aos descrentes. Aparece também nesse recorte uma preocupação com a "ideologia de gênero", a "família", também uma defesa da religião cristã. Em síntese, conforme Gustavo, ser de direita é estar "do lado direito", correto.

A terceira orientação está mais vinculada a uma percepção econômica "liberal". O conservadorismo moral não é presente em suas falas, atendo-se naqueles tópicos que dizem respeito à iniciativa privada. Viu-se que os tópicos mais importantes a serem debatidos na escola seriam o trabalho e o empreendedorismo. Para alguns desses jovens há uma visão negativa em relação ao Estado, visto como algo que atrapalha em razão de um não retorno daquilo que é investido em impostos. Fabiano comenta que não se opõe aos serviços públicos, mas considera abusivos os impostos cobrados, exemplificando que *"uma família não consegue sobreviver recebendo novecentos reais, comprar comida, pagar eletricidade, pagar água, ter um pouco de conforto, muito por, pelos impostos cobrados, né?".* Priscila, que se compreende como liberal econômica e politicamente, não se contrapondo, por exemplo, ao aborto, o que demonstra uma distância significativa em relação à orientação religiosa de direita, dá um sentido à sua posição a partir do entendimento da necessidade de um *"Estado mínimo, sou a favor de privatizar algumas coisas hoje no Brasil, ahn, sou a favor do empreendedorismo, de favorecer o empreendedorismo".*

Essas três orientações são compreendidas dentro da unidade geracional, não sendo, portanto, uniformes e constituindo-se em agrupamentos distintos e que eventualmente andam em conjunto, constituindo alianças táticas.

Cabem novas pesquisas para compreender de que forma essas unidades geracionais se portarão no futuro e quais serão os desdobramentos políticos para a sociedade brasileira, em especial considerando que esses jovens entram na vida política em um cenário em que a polarização perniciosa e assimétrica é naturalizada e, talvez mais importante, valores de extrema direita são normalizados e, eventualmente, tratados como de direita e contrapostos à esquerda, compreendida como comunista, mas que de fato traz valores ou liberais ou social-democratas.

REFERÊNCIAS

ABAD, Miguel. Las políticas de juventud desde la perspectiva de la relación entre convivencia, ciudadania y nueva condición juvenil en Colombia. *In*: DAVILA, Oscar. **Politicas de juventud en América Latina**: politicas nacionales. Viña del Mar: CIDPA, 2003.

ABREU, Vanessa Kern de; INÁCIO FILHO, Geraldo. A educação moral e cívica – doutrina, disciplina e prática educativa. **Revista HISTEDBR On-line**, Campinas, n. 24, p. 125-134, dez. 2006. ISSN: 1676-2584.

ABRAMO, Helena. Condição juvenil no Brasil contemporâneo. *In*: ABRAMO, Helena; BRANCO, Pedro Paulo M. **Retratos da Juventude Brasileira**: análises de uma pesquisa nacional. São Paulo: Fundação Perseu Abramo, 2008.

ALMEIDA, Élcio Cruz de; SARDAGNA, Crysthian Drummond. O reformismo agrário nos países democráticos. **Revista Informação Legislativa**, Brasília, v. 39, n. 154, abr./jun. 2002.

ALONSO, Angela. **Treze**: a política de rua de Lula a Dilma. São Paulo: Companhia das Letras, 2023.

ALVARADO, Sara Victoria; OSPINA-ALVARADO, María Camila; GARCIA, Claudia Maria. La subjectividad política y la socialización política, desde las márgenes de la psicología política. **Revista Latinoamericana de Ciencias Sociales, Niñez y Juventud**, v. 1, n. 1, p. 235-256, 2012.

AMNÅ, Erik; EKSTRÖM, Mats; KERR, Margaret; STATTIN, Håkan. Political socialization and human agency. The development of civic engagement from adolescence to adult-hood. **Statsvetenskaplig Tidskrift** 2009, årg 111 nr 1.

ANDERSSON, Erik. Situational political socialization: a normative approach to young people's adoption and acquisition of political preferences and skills. **Journal of Youth Studies**, 2015. DOI: 10.1080/13676261.2015.1020926.

AUGÉ, Marc. **Não lugares:** introdução a uma antropologia da supermodernidade. 9. ed. Campinas: Papirus, 1994.

BARABÁSI, Albert-László. **Linked**: a nova ciência dos networks. São Paulo: Leopardo Editora, 2009.

BENITO-MONTAGUT, Roser. 2015. Encounters on ths social web: everiday life and emoticons online. **Sociological Perspectives**, v. 58, n. 4, p. 537–553, 2015. DOI: 10.1177/0731121415569284.

BERGER, Peter; LUCKMANN, Thomas (2010). **A construção social da realidade**: tratado de sociologia do conhecimento. 32. ed. Petrópolis: Vozes, 2010.

BOBBIO, Norberto. **Direita e Esquerda**: razões e significados de uma distinção política. 3. ed. São Paulo: Editora Unesp, 2011.

BOHN, Simone R. Evangélicos no Brasil: perfil socioeconômico, afinidades ideológicas e determinantes do comportamento eleitoral. **Opinião Pública** [Internet], v. 10, n. 2, p. 288-338, 2004.

BOHNSACK, Ralf. A multidimensionalidade do *habitus* e a construção de tipos praxiológica. **Educação Temática Digital**, Campinas, v. 12, n. 12, p. 22-41, jan./ jun. 2011.

BOHNSACK, Ralf. **Pesquisa social reconstrutiva**: introdução aos métodos qualitativos. Petrópolis, RJ: Vozes, 2020.

BOURDIEU, Pierre. **A distinção**: crítica social do julgamento. Porto Alegre: Zouk, 2007.

BOURDIEU, Pierre. **O poder simbólico**. 7. ed. Rio de Janeiro: Bertrand Brasil, 2007.

BRASIL. Ministério da Saúde. Secretaria de Atenção à Saúde. Área de Saúde do Adolescente e do Jovem. **Marco legal**: saúde, um direito de adolescentes. Brasília: Editora do Ministério da Saúde, 2007.

BRUM, Stéphany; LIMA, Maria Isabel Santos; ALCÂNTARA, Naiara Sandi de Almeida. Da onda rosa à ascensão do conservadorismo: análise longitudinal do governo de Dilma Rousseff ao de Jair Bolsonaro. **Seminário discente em Ciência Política da UFPR**. 2021.

CAMPOS, Rodrigo Duque Estrada. The international turn in far-right studies: a critical assessment. **Millennium – Journal of international studies**, p. 1-27, 2023.

CANCLINI, Néstor Raúl García. **Ciudadanos reemplazados por algoritmos**. Bielefeld: Bielefeld University Press, 2020.

CARNEIRO, Sueli. **Racismo, sexismo e desigualdade no Brasil**. São Paulo: Selo Negro, 2011.

CARVALHO, Rone. O que explica a multiplicação de templos evangélicos no Brasil. **BBC News Brasil**, 12 jul. 2023. Disponível em: https://www.bbc.com/portuguese/articles/crgl7x0e0lmo. Acesso em: 23 maio 2024.

CASTELLS, Manuel. **O poder da identidade**. São Paulo: Paz e Terra, 2008.

CASTELLS, Manuel. **Redes de indignação e esperança**: movimentos sociais na era da internet. Rio de Janeiro: Zahar, 2013.

CASTILLO, Juan Carlos; MIRANDA, Daniel; BONHOMME, Macarena; COX, Cristián; BASCOPÉ, Martín. Mitigating the political participation gap from the school: the roles of civic knowledge and classroom climate. **Journal of Youth Studies**, v. 18, p. 16-35, 2015. DOI: 10.1080/13676261.2014.933199.

CERQUEIRA, Daniel; BUENO, Samira (coord.). **Atlas da violência 2023**. Brasília: Ipea: FBSP, 2023.

CHAUÍ, Marilena. **Manifestações ideológicas do autoritarismo brasileiro**. São Paulo: Ed. Perseu Abramo, 2019.

COLOMBIA. Departamento administrativo nacional de estadística (DANE). Gobierno de Colômbia. **Panorama sociodemográfico de la juventud en Colombia**. Colômbia, 2020.

COLLINS, Patricia H.; BILGE, Sirma. **Interseccionalidade**. São Paulo: Boitempo, 2021.

CORREA, Licinia Maria. **Entre apropriação e recusa**: os significados da experiência escolar para jovens de periferias urbanas. São Paulo: Ed. Unesp, 2011.

CROCKET, Molly J. Moral outrage in the digital age. **Nature Human Behaviour**, v. 1, p. 769-771, Nov. 2017.

DIAZ, Alejandro M. **Through the google goggles**: sociopolitical bias in search engine design. Tese. Stanford University, 2005.

DIAZ, Alejandro M. Through the google goggles: sociopolitical bias in search engine design. *In*: SPINK, Amanda; ZIMMER, Michael (ed.). **Web Search**: multidisciplinary perspectives. Berlin: Springer, 2008.

Eyerman, R.; Turner, B. S. Outline of a Theory of Generations. **European Journal of Social Theory**, v. 1, n. 1, p. 91-106, 1998. https://doi.org/10.1177/136843198001001007.

FALERO, José. **Mas em que mundo tu vive?**: crônicas. São Paulo: Todavia, 2021.

FERREIRA, Matheus Gomes Mendonça. **O voto dos evangélicos em Bolsonaro em 2018**: identidade, valores e lideranças religiosas. Tese (Doutorado em Ciência Política) – Universidade Federal de Minas Gerais, Belo Horizonte, 2022.

FERREIRA, Matheus Gomes Mendonça; FUKS, Mario. O hábito de frequentar cultos como mecanismo de mobilização eleitoral: o voto evangélico em Bolsonaro em 2018. **Rev Bras Ciênc Polít** [Internet], n. 34, p. e238866, 2021. https://doi.org/10.1590/0103-3352.2021.34.238866.

FISHER, Max. **Máquina do caos**: como as redes sociais reprogramaram nossa mente e nosso mundo. São Paulo: Todavia, 2023.

FORACCHI, Marialice M. **A juventude na sociedade moderna**. São Paulo: Editora da USP, 2018.

FRASER, Nancy. **Justiça interrompida**: reflexões críticas sobre a condição "pós--socialista". São Paulo: Boitempo, 2022.

FUKUYAMA, Francis. **O fim da história e o último homem**. Rio de Janeiro: Rocco, 1992.

GARFINKEL, Harold. **Estudos de etnometodologia**. Petrópolis, RJ: Vozes, 2018.

GARSCHAGEN, Bruno. **O mínimo sobre conservadorismo**. Campinas: O mínimo, 2023.

GIDDENS, Anthony. **As consequências da modernidade**. São Paulo: Editora da Unesp, 1991.

GIDDENS, Anthony. **Modernidade e identidade**. Rio de Janeiro: Zahar, 2002.

GOLDMAN, Eric. Search engine bias and the demise of search engine utopianism. *In*: SPINK, Amanda; ZIMMER, Michael (ed.). **Web Search**: multidisciplinary perspectives. Berlin: Springer, 2008.

GROPPO, Luís Antonio. Teorias críticas da juventude: geração, moratória social e subculturas juvenis. **Em Tese**, Florianópolis, v. 12, n. 1, jan./jul. 2015.

HANNA, Paul; MWALE, Shadreck. "Não estou com você, mas estou....": entrevistas face a face virtuais. *In*: BAUN, Virgínia. **Coleta de dados qualitativos**: um guia prático para técnicas textuais, midiáticas e virtuais. Petrópolis, RJ: Vozes, 2019. p. 297-315.

HONNETH, Axel. **Reificação**: um estudo da teoria do reconhecimento. São Paulo: Editora Unesp, 2018.

HONNETH, Alex. **Luta por reconhecimento**: a gramática moral dos conflitos sociais. São Paulo: Editora 34, 2021.

INSTITUTO HUMANITAS UNISINOS. **O voto evangélico garantiu a eleição de Jair Bolsonaro**. 1 nov. 2018. Disponível em: https://www.ihu.unisinos.br/espiritualidade/78-noticias/584304-o-voto-evangelico-garantiu-a-eleicao-de--jair-bolsonaro. Acesso em: 23 maio 2024.

JOHANSSON, Thomas; HERZ, Marcus. **Youth studies in transition**: culture, generation and new learning processes. Suíça: Springer, 2019.

KOWARICK, Lúcio. **Escritos Urbanos**. São Paulo: Editora 34, 2009.

KRAWCZYK, Nora (org.). **Sociologia do ensino médio**: crítica ao economicismo na política educacional. São Paulo: Cortez: 2014.

KREEFT, Peter. **Como destruir a civilização ocidental**: e outras ideias do abismo cultural. Campinas: Vide editorial, 2023.

KRUGER, Heinz-Hermann. A relevância dos métodos de pesquisa qualitativa em educação na Alemanha. *In*: WELLER, Wivian; PFAFF, Nicole. **Métodos da pesquisa qualitativa em educação**: teoria e prática. 3. ed. Petrópolis, RJ: Vozes, 2013.

LACERDA, Marina Basso. **O novo conservadorismo brasileiro**. Porto Alegre: Zouk, 2019.

LANIER, Jaron. **Dez argumentos para você deletar agora suas redes sociais**. Rio de Janeiro: Intrínseca, 2018.

LEÃO, Geraldo; SANTOS, Thais Naves de Araújo. A participação juvenil no Ensino Médio brasileiro: um campo de estudos em construção. **Práxis Educativa**, Ponta Grossa, v. 13, n. 3, set./dez. 2018

LEVY, Brett L. M.; AKIVA, Thomas. Motivating political participation among youth: an analysis of factors related to adolescent's political engagement. **Political Psychology**, v. 0, n. 0, 2019. DOI: 10.1111/pops.12578.

LOWY, Michael. **As aventuras de Karl Marx contra o Barão de Munchhausen**: marxismo e positivismo na sociologia do conhecimento. 10. ed. São Paulo: Cortez, 2013.

MACHADO, Rosana Pinheiro; SCALCO, Lucia Mury. Rolezinhos: marcas, consumo e segregação no Brasil. **Revista de Estudos culturais**, n. 1., Dossiê sobre cultura popular Urbana. 2014.

MACHADO, Rosana Pinheiro; SCALCO, Lucia Mury. Da esperança ao ódio: juventude, política e pobreza do lulismo ao bolsonarismo. **Cadernos IHU ideias**, ano 16, v. 16, n. 278, 2018.

MAITINO, Martin Egon. "Direita, sem vergonha": conformação no campo da direita no Brasil a partir do discurso de Jair Bolsonaro. **Plural: Revista de Ciências Sociais**, v. 25, n. 1, p. 111-134, 2018. https://doi.org/10.11606/issn.2176-8099.pcso.2018.149018.

MANNHEIM, Karl. **Diagnóstico de nosso tempo**. Rio de Janeiro: Zahar editores, 1961.

MANNHEIM, Karl. **Ideologia e utopia**. 3. ed. Rio de Janeiro: Zahar, 1976.

MANNHEIM, Karl. O pensamento conservador. *In*: MARTINS, José de Souza. **Introdução à sociologia rural**. São Paulo: Hucitec, 1981.

MANNHEIM, Karl. **Structures of thinking**. London: Routledge & Kegan Paul, 1982.

MANNHEIM, Karl. **Sociologia do conhecimento**. Lisboa: Res, 1986.

MCCOY, Jennifer; SOMER, Murat. Toward a theory of pernicious polarization and how it harms democracies: comparative evidence and possible remedies. **Annals**, APPSS, 681, jan. 2019.

MELLO, Victoria Oldemburgo de; CHEUNG, Felix; INZLICHT, Michael. Twitter (X) use predicts substantial changes in well-being, polarization, sense of belonging, and outrage. **Communication Psychology**, v. 2, p. 15, 2024.

MISKOLCI, Richard. **Batalhas morais**: política identitária na esfera pública técnico-midiatizada. Belo Horizonte: Autêntica, 2021.

MORAIS, Jennifer de Azambuja. **Internet, cultura política e juventude no Brasil**. Curitiba: Appris, 2021.

MOURA, Clóvis. **Sociologia do negro brasileiro**. São Paulo: Perspectiva, 2019.

MUDDE, Cas. **A extrema direita hoje**. Rio de Janeiro: EdUERJ, 2022.

NERY, Carmen; BRITTO, Vinícius. Internet já é acessível em 90,0% dos domicílios do país em 2021. **Agência IBGE notícias**, 16 set. 2021. Disponível em: https://

agenciadenoticias.ibge.gov.br/agencia-noticias/2012-agencia-de-noticias/noticias/34954-internet-ja-e-acessivel-em-90-0-dos-domicilios-do-pais-em-2021. Acesso em: 23 maio 2024.

NUNES, Felipe; TRAUMAN, Thomas. **Biografia do abismo**: como a polarização divide famílias, desafia empresas e compromete o futuro do Brasil. Rio de Janeiro: Harper Collins, 2023.

OLIVEIRA, Augusto Neftail Corte de. Neoliberalismo durável: o consenso de Washington na onda rosa latino-americana. **Opinião Pública**, Campinas, v. 26, n. 1, p. 158-192, jan./abr. 2020.

PARISER, Eli. **The Filter Bubble:** how the new personalized web is changing what we read and how we think. New York: Penguin Books, 2012.

PEREIRA, Alexandre Barbosa. **"A maior zoeira" na escola**: experiências juvenis na periferia de São Paulo. São Paulo: Ed. Unifesp, 2016.

PIERUCCI, Antônio Flávio. As bases da nova direita. **Novos Estudos CEBRAP**, n. 19, p. 26-45, dez. 1987.

PIERUCCI, Antônio Flávio. **Ciladas da diferença**. São Paulo: Ed. 34, 2013.

QUINTELIER, Ellen; HOOGHE, Marc; BADESCU, Gabriel. Parental Influence on Adolescents' Political Participation A Comparison of Belgian, Canadian and Romanian Survey Data. Paper presented at the International Conference on Political Socialisation. Örebro Universitet. Örebro (Sweden). October 8-10, 2007.

RAAB, Jürgen. **Erving Goffman From the Perspective of the New Sociology of Knowledge**. London: Routledge, 2019.

ROCHA, Camila. **Menos Marx, mais Mises**: o liberalismo e a nova direita no Brasil. São Paulo: Todavia, 2021.

SAID, Edward. **Cultura e imperialismo**. São Paulo: Companhia de Bolso, 2011.

SCHUTZ, Alfred. **Sobre a fenomenologia e relações sociais**. Petrópolis, RJ: Vozes, 2012.

SEGEV, Elad. **Google and the digital divide**: the bias of online knowledge. Oxford: Chandos Publishing, 2010.

SETTON, Maria da Graça Jacinto. **Socialização e cultura**: ensaios teóricos. 2. ed. São Paulo: Annablume, 2016.

SEYMOUR, Richard. **The Twitter Machine**. London: The indigo press, 2019.

SILVA, Sivaldo Pereira da. Políticas de acesso à internet no Brasil: indicadores, características e obstáculos. **Cadernos Adenauer XVI**, n. 3, 2015.

SILVA, Fabrício Pereira da. Da onda rosa à era progressista: a hora do balanço. **Revista Sures**, n. 5, p. 67-94, 2015.

SILVA, Fabrício Pereira da. O fim da onda rosa e o neogolpismo na América Latina. **Revista Sul-Americana de Ciência Política**, v. 4, n. 2, p. 165-178, 2018.

SINGER, André. **Os sentidos do lulismo**: reforma gradual e pacto conservador. São Paulo: Companhia das Letras, 2012.

SINGER, André. **O lulismo em crise**: um quebra-cabeça do período Dilma (2011-2016). São Paulo: Companhia das Letras, 2018.

SINGER, André. A reativação da direita no Brasil. **Opinião Pública**, v. 27, n. 3, p. 705-729, 2021. DOI: https://doi.org/10.1590/1807-01912021273705.

SINGER, André (2013). Brasil, junho de 2013, classes e ideologias cruzadas. **Novos Estudos CEBRAP**, n. 97, p. 23-40. DOI: https://doi.org/10.1590/S0101-33002013000300003.

SPOSITO, Marília. **Os jovens no Brasil**: desigualdades multiplicadas e novas demandas políticas. São Paulo: Ação Educativa, 2003.

STRAUSS, Anselm; CORBIN, Juliet. **Pesquisa qualitativa**: técnicas e procedimentos para o desenvolvimento da teoria fundamentada. 2. ed. Porto Alegre: Artmed, 2008.

TOMIZAKI, Kimi; SILVA, Maria Gilvania Valdivino. Dinâmica geracional, posições sociais e comportamento político. Dossiê: educação e comportamento político. **Educ. Soc.**, Campinas, v. 42, e242003, 2021.

VRYDAGH, Fanny; JIMÉNEZ-MARTÍNEZ, César. Talking with the Right-wing: pernicious polarization in Brazil and the philosophy of Paulo Freire. **Matrizes**, v. 15, n. 3, set/out 2021.

WEBER, Max. **Metodologia das Ciências Sociais** (parte I). Campinas, SP: Editora da Universidade Estadual de Campinas, 1992.

WELLER, Wivian. A atualidade do conceito de gerações de Karl Mannheim. **Soc estado** [Internet], v. 25, n. 2, p. 205-24, 2010. https://doi.org/10.1590/S0102-69922010000200004.

WELLER, Wivian. **Minha voz é tudo o que eu tenho**: manifestações juvenis em Berlim e São Paulo. Belo Horizonte: Editora UFMG, 2011.

WELLER, Wivian; OTTE, Janete. 2014. Análise de narrativas segundo o método documentário: exemplificação a partir de um estudo com gestoras de instituições públicas. In: *Civitas*, Porto Alegre, v. 14, n. 2, p. 325-340. https://doi.org/10.15448/1984-7289.2014.2.17150.

WELLER, Wivian; GAUCHE, Ricardo (org.). **Ensino médio em debate**: currículo, avaliação e formação integral. Brasília: Editora da UnB, 2017.

WELLER, Wivian; BASSALO, Lucélia de Moraes Braba. A insurgência de uma geração de jovens conservadores: reflexões a partir de Karl Mannheim. **Estudos Avançados**, [s. l.], v. 34, n. 99, p. 391-407, 2020. DOI: 10.1590/s0103-4014.2020.3499.023. Disponível em: https://www.revistas.usp.br/eav/article/view/173441. Acesso em: 26 mar. 2024.

WELLER, Wivian; PFAFF, Nicolle. **Metodologias da pesquisa qualitativa em educação**: teoria e prática. 3. ed. Petrópolis, RJ: Vozes, 2013.

WO, Vinicius. Junho de 2013 e os fantasmas da esquerda brasileira. **Congresso em foco**, 16 jun. 23. Disponível em: https://congressoemfoco.uol.com.br/area/pais/junho-de-2013-e-os-fantasmas-da-esquerda-brasileira/. Acesso em: 23 maio 2024.

ZORZI, Analisa; KIELING, Francisco dos Santos; WEISHEIMER, Nilson; FACHINETTO, Fellini. **Sociologia da Juventude**. Curitiba: Intersaberes, 2013.